westermann

Arndt Beiderwieden, Elvira Pürling

Projektmanagement für IT-Projekte

7. Auflage

Bestellnummer 02043

Die in diesem Produkt gemachten Angaben zu Unternehmen (Namen, Internet- und E-Mail-Adressen, Handelsregistereintragungen, Bankverbindungen, Steuer-, Telefon- und Faxnummern und alle weiteren Angaben) sind i. d. R. fiktiv, d. h., sie stehen in keinem Zusammenhang mit einem real existierenden Unternehmen in der dargestellten oder einer ähnlichen Form. Dies gilt auch für alle Kunden, Lieferanten und sonstigen Geschäftspartner der Unternehmen wie z. B. Kreditinstitute, Versicherungsunternehmen und andere Dienstleistungsunternehmen. Ausschließlich zum Zwecke der Authentizität werden die Namen real existierender Unternehmen und z. B. im Fall von Kreditinstituten auch deren IBANs und BICs verwendet.

Zusatzmaterialien zu Projektmanagement für IT-Projekte

Für Lehrerinnen und Lehrer:

Lösungen zum Schulbuch: 978-3-427-02049-3
Lösungen zum Schulbuch Download: 978-3-427-02046-2

BiBox westermann inkl. E-Book

BiBox Einzellizenz für Lehrer/-innen (Dauerlizenz): 978-3-427-02053-0
BiBox Kollegiumslizenz für Lehrer/-innen (Dauerlizenz): 978-3-427-02056-1
BiBox Kollegiumslizenz für Lehrer/-innen (1 Schuljahr): 978-3-427-02059-2

Für Schülerinnen und Schüler:

BiBox westermann inkl. E-Book

BiBox Einzellizenz für Schüler/-innen (1 Schuljahr): 978-3-427-02063-9
BiBox Klassensatz PrintPlus (1 Schuljahr): 978-3-427-02066-0

Buch +Web (mit Webcode im Buch)

Zu diesem Produkt sind digitale Zusatzmaterialien kostenlos online für Sie erhältlich. Sie können diese ganz einfach über die Eingabe des nachfolgenden Codes im Suchfeld unter www.westermann.de abrufen.

BVE-02043-007

Sollten Sie zu diesem Produkt bereits eine BiBox mit Material erworben haben, so sind die Zusatzmaterialien selbstverständlich dort bereits integriert.

Druck und Bindung: Westermann Druck GmbH, Georg-Westermann-Allee 66, 38104 Braunschweig

ISBN 978-3-427-**02043**-1

Vorwort

Liebe Leserin, lieber Leser,
zunächst möchten wir grundlegende Fragen beantworten, die sich zu diesem Titel stellen:

Warum braucht man Projektmanagement?

In der IT-Branche werden viele Aufträge als Projekte definiert. Dabei handelt es sich um einmalige und komplexe Vorhaben, die in Teamarbeit innerhalb eines begrenzten Zeitraums zum Ziel zu führen sind. Sie müssen systematisch definiert, geplant und gesteuert werden, wenn der Projekterfolg nicht dem Zufall überlassen bleiben soll. Projektmanagement ist eine Methode zur systematischen Abwicklung von Projekten. Dabei hat das agile Projektmanagement vor allem in Projekten der Softwareentwicklung deutlich an Bedeutung gewonnen.

An wen wendet sich dieses Buch?

Dieses Buch wendet sich an Auszubildende in IT-Berufen (Fachinformatiker/-in Fachrichtung Systemintegration und Fachrichtung Anwendungsentwicklung, Kaufmann/Kauffrau für Digitalisierungsmanagement, Kaufmann/Kauffrau für IT-Systemmanagement, IT-Systemelektroniker/-in), Schüler-/innen in vollzeitschulischen IT-nahen Bildungsgängen, Studierende in (dualen) IT-Studiengängen an Fachhochschulen und Universitäten sowie Projektverantwortliche in IT-Projekten in der Praxis.

Was leistet dieses Buch?

Die vorliegende Auflage wurde vollständig überarbeitet und erweitert. Sie enthält
- wichtige Grundbegriffe des IT-Projektmanagements,
- einen Schritt-für-Schritt-Leitfaden, der Sie durch Ihr IT-Projekt führt,
- grundlegendes Handwerkszeug und begleitende Praxisbeispiele,
- zahlreiche Aufgaben zur Texterschließung, IT-Übungsprojekte und IT-Projektideen
- Grundlagen des agilen Projektmanagements (Schwerpunkt Scrum),
- digitale Zusatzmaterialen (Buch+Web) für Schüler/-innen und Lehrkräfte. Web

Der Titel ist auch im digitalen **BiBox**-Format erhältlich.

Danke schön!

Wir möchten uns herzlich bei allen Personen bedanken, die uns bei der Entwicklung dieses Buches tatkräftig unterstützt haben, insbesondere bei Roland Felkai, Professor Heinz Schelle, Jan Parnitzke, Dr. David Kitz Krämer, Jan Dohms, Benedikt Dreissen, Michael Kiesel und Dr. Thomas Haase. Wir freuen uns auch über Ihre Anregungen und Kritik, die Sie uns jederzeit über den Verlag übermitteln können.

Sommer 2023 — Arndt Beiderwieden, Elvira Pürling

Inhalt

A Grundbegriffe

I Was ist ein Projekt?

1 Definition und Merkmale

Definition des Projektbegriffs

Der Begriff „Projekt“ (lateinisch *proiectum*: nach vorn geworfen) ist in aller Munde: In Schulen, Hochschulen, Unternehmen und anderen privaten und öffentlichen Organisationen gehören heute Projekte zum Alltag. Fragt man jedoch nach, was ein Projekt überhaupt ist, so erhält man ganz unterschiedliche Antworten, wie etwa *ein Einmalvorhaben, eine groß angelegte und geplante Unternehmung, die Umsetzung einer innovativen Idee, eine umfangreiche Teamarbeit rund um ein Thema, eine Aufgabenstellung mit verbindlichem Enddatum (Deadline)* oder auch *ein Vorhaben mit Zielsetzung*.

Was genau ist also ein Projekt? Die Fachliteratur kennt eine Vielzahl von Definitionen, die oftmals etwas umständlich formuliert sind und mehr oder weniger voneinander abweichen. In Deutschland hat sich das Deutsche Institut für Normung (DIN) auf Drängen der Industrie dieses Problems angenommen und in der DIN 69901 den Projektbegriff einheitlich definiert:

> **„Projekt**
> *(en: project)*
>
> *Vorhaben, das im Wesentlichen durch Einmaligkeit der Bedingungen in ihrer Gesamtheit gekennzeichnet ist*
>
> *BEISPIEL Zielvorgabe, zeitliche, finanzielle, personelle oder andere Begrenzungen, projektspezifische Organisation“*[1]

Projektmerkmale

Eine pragmatische Alternative zu dem Versuch, den Projektbegriff in einem Satz zu definieren, besteht darin, Projektmerkmale aufzulisten, die in der Fachwelt unumstritten sind. Dazu gehören vor allem:

- **Einmaligkeit:** Das Vorhaben findet nur einmal statt (keine Routineaufgabe).
- **Zeitliche Befristung:** Es gibt einen definierten Anfangs- und Endzeitpunkt.

---

1 *Deutsches Institut für Normung (Hrsg.): DIN 69901-5 Projektmanagement - Projektmanagementsysteme - Teil 5 Begriffe, Berlin: Beuth 2009, Seite 11.*

- **Zielvorgabe:** Klar definierte Zielsetzung (ein oder mehrere Ziele).
- **Komplexität:** Vielschichtige Verflechtungen, Zusammenhänge und Wechselwirkungen.
- **Teamarbeit:** Beteiligung mehrerer Menschen und ggf. auch mehrerer Organisationen.
- **Begrenzte Ressourcen:** Begrenzte Verfügbarkeit von Personen und Sachmitteln.
- **Interdisziplinärer Charakter:** Beteiligung unterschiedlicher Fachdisziplinen.[2]

Sofern bei einem Vorhaben ein oder mehrere Merkmale nicht oder eingeschränkt vorliegen, kann man zwar immer noch von einem Vorhaben mit Projektcharakter sprechen, ein Projekt im engeren Sinne ist es dann jedoch nicht.

2 Arten von Projekten

Tagtäglich werden in nahezu allen Branchen weltweit unterschiedliche Projekte durchgeführt. Um diese heterogene Vielfalt in eine Ordnung zu bringen, teilt man Projekte gewöhnlich nach folgenden Kriterien ein:

Projektarten nach Projektgegenstand (Projektinhalt)

- **Bauprojekte:** Planung und Realisierung von Hoch- und Tiefbauprojekten (Immobilien, Straßen usw.)
- **Entwicklungsprojekte:** Entwicklung neuartiger Lösungen (z. B. im Flugzeugbau, Fahrzeugbau, Anlagen, Maschinen, IT-Hard- und -Software)
- **Organisationsprojekte:** Veränderung der Aufbau- und/oder Ablauforganisation einer Organisation (z. B. bei Unternehmensfusionen, Optimierung von Produktionsprozessen)
- **Eventprojekte:** Organisation großer Veranstaltungen (z. B. Olympiaden, Fußballweltmeisterschaften, Turniere, Musicals, Festivals, Kongresse)
- **Forschungsprojekte:** Projekte zur Gewinnung neuer Erkenntnisse (z. B. Erforschung der Ursachen von Herz-Kreislauf-Krankheiten oder der Verbreitung von Viren in einer Population)
- **Vermarktungsprojekte:** Projekte zur Förderung des Bekanntheitsgrades oder der Imagebildung von Produkten, Dienstleistungen oder Organisationen (z. B. Werbekampagnen)
- **Umwelt- und Naturschutzprojekte:** Schutz von Umwelt und Natur vor schädlichen Einflüssen des Menschen (z. B. Wiederansiedlung des Luchses im Harz, Bergung von Dieselöl aus Schiffswracks am Meeresgrund)
- **Bildungsprojekte:** Förderung bestimmter Kompetenzen einer Lerngruppe (z. B. Planung und Realisierung einer Ausstellung zu einem bestimmten Thema)
- **Sozialprojekte:** Verbesserung der Lebenssituation von Menschen (z. B. Entwicklungshilfeprojekte, regionale Integrationsprojekte, medizinische Hilfsprojekte)

---

2 Vgl. Madauss: Projektmanagement, S. 47 ff. Madauss hat im Rahmen einer umfangreichen Literaturanalyse zahlreiche Definitionen aufgelistet. Es gibt noch weitere Merkmale, die hier aus Gründen der Vereinfachung unberücksichtigt bleiben.

Beispiele

Abb. A_01: Flugzeugturbine

Abb. A_02: Open-Air-Festival

Abb. A_03: IT-Innovationen

Abb. A_04: Elbphilharmonie in Hamburg

Projektarten nach Motiv der Durchführung

- **Profitprojekte:** Diesen liegt eine Gewinnerzielungsabsicht zugrunde (z. B. Entwicklung neuer Produkte, Optimierung von Produktionsprozessen, Kostensenkungsprojekte, PR-Projekte).
- **Non-Profit-Projekte:** Diese werden ohne Gewinnabsicht durchgeführt. Ziel ist hier die Verbesserung einer Situation bzw. der Abbau von Missständen (z. B. Projekte im Umwelt- und Naturschutz, in der Sozialarbeit oder in der Entwicklungshilfe).

Projektarten nach Sitz des Auftraggebers

- **Externe Projekte:** Der Auftraggeber ist eine Person oder eine Organisation außerhalb der Organisation, die das Projekt durchführt. Beispiel: Eine Reederei beauftragt eine Werft mit dem Bau eines Schiffes.
- **Interne Projekte:** Auftraggeber und Auftragnehmer sitzen im selben Haus, das bedeutet: Eine übergeordnete Organisationseinheit (z. B. Unternehmens-, Bereichs- oder Abteilungsleitung oder ein Lenkungsausschuss) beauftragt ein Projektteam innerhalb derselben Organisation. Beispiel: Die Unternehmensleitung eines Automobilherstellers beauftragt die Entwicklungsabteilung mit der Entwicklung eines neuen Pkw-Modells.

Projektarten nach Projektgröße

Die Größe von Projekten kann an der Projektdauer, der Anzahl der Projektmitarbeiterinnen und -mitarbeiter, am Projektbudget oder an einer Kombination dieser Kriterien festgemacht werden.

Beispiel
- ***Kleinprojekte:*** *Projektdauer von maximal einem Jahr*
- ***Mittlere Projekte:*** *Projektdauer von einem bis zu drei Jahren*
- ***Großprojekte:*** *Projektdauer von mehr als drei Jahren*

II Was ist Projektmanagement?

1 Historischer Rückblick

Schon die alten Ägypter managten sehr erfolgreich anspruchsvolle Großprojekte, indem sie mit einfachen technischen Mitteln gigantische und hochkomplexe Pyramiden bauten, welche eine Vielzahl an Anforderungen erfüllen mussten (z. B. eine exakte dreidimensionale Ausrichtung in der Wüste, zahlreiche Schutzmaßnahmen gegen Grabräuber). Auch andere Großbauten wie Tempel, Kirchen, Schlösser und Burgen sowie groß angelegte militärische Feldzüge und lange Seereisen bedurften einer qualifizierten Planung und Steuerung, um die Projektziele zu erreichen. Projektmanagement ist also nichts Neues.

Über Jahrhunderte hing die Qualität von Planung und Steuerung dieser Projekte jedoch in erster Linie von der Kenntnis und der Erfahrung einzelner Personen ab. Erst Ende des 19. Jahrhunderts und im 20. Jahrhundert wuchsen standardisierte Methoden und Techniken zur integrierten Disziplin des Projektmanagements zusammen. Dabei kamen die wichtigsten Impulse aus den USA wie etwa vom Bau der transkontinentalen Eisenbahn ab 1860, militärischen Aktionen im Zweiten Weltkrieg oder dem Raumfahrtprojekt „Apollo" ab 1961. Erst Ende des 20. Jahrhunderts wurde das Projektmanagement zunächst von großen Industrieunternehmen und später auch von anderen Organisationen übernommen.

2 Definitionen und Arten

Definitionen

Das Deutsche Institut für Normung (DIN) definiert in der DIN 69901 den Begriff des Projektmanagements wie folgt:

> *Gesamtheit von Führungsaufgaben, -organisation, -techniken und -mitteln für die Initiierung, Definition, Planung, Steuerung und den Abschluss von Projekten.*[3]

3 Deutsches Institut für Normung (Hrsg.): DIN 69901-5 Projektmanagement - Projektmanagementsysteme - Teil 5 Begriffe, Berlin: Beuth 2009, Seite 14

Eine etwas handlichere Definition lesen wir bei Schelle, der Projektmanagement definiert als *„Steuerung der verschiedenen Einzelaktivitäten in einem Projekt im Hinblick auf die Projektziele"*.[4]

Mit anderen Worten: Projektmanagement ist ein „Handwerk für Managerinnen und Manager", denn ebenso wie im Handwerk müssen im Management von Projekten bestimmte Arbeitsschritte mithilfe bestimmter Werkzeuge bzw. Instrumente durchführen. Nur arbeiten Projektmanager und -managerinnen nicht mit Hammer, Säge und Hobel, sondern mit Checklisten, Formularen und Planungssoftware. Das Projektmanagement hat also die Aufgabe, Projekte mithilfe bestimmter Instrumente zum Ziel zu führen.

Arten des Projektmanagements

Grundsätzlich lassen sich zwei Arten von Projektmanagement unterscheiden:

Arten des Projektmanagements	
Klassisches Projektmanagement	**Agiles Projektmanagement**
Klassisches (traditionelles) Projektmanagement zerlegt ein Projekt in Projektphasen, definiert zu erreichende Meilensteine (Etappenziele) und arbeitet dann Phase für Phase ab. Hier werden, vereinfacht gesagt, zu Projektbeginn die Projektziele festgelegt, dann alles geplant, dann die Planung in die Tat umgesetzt und am Ende das fertige Produkt dem Kunden übergeben.	Agiles Projektmanagement hat seine Wurzeln in Softwareentwicklungsprojekten und ist eine Alternative bzw. Ergänzung zum klassischen Projektmanagement. Hier durchläuft das Projekt eine Vielzahl kleiner sich wiederholender Schritte („Iterationen"). Am Ende jeder Iteration steht ein weiterentwickeltes Zwischenergebnis, zu dem der Kunde ein Feedback abgibt, bevor die nächste Iteration beginnt.
Das klassische Projektmanagement liegt den Kapiteln A, B und C zugrunde.	Das agile Projektmanagement wird in Kapitel D vorgestellt.

3 Projektphasen und Meilensteine

Sinn der Projektphasen

Ein Projektleiter in einem unserer Seminare sagte einmal: *„Nach mehreren gescheiterten Projekten haben wir die teaminterne Regel vereinbart: ‚Fortan hat jedes Projekt mehr als eine Phase.'"* Offenbar hatte man versucht, das komplexe Gesamtprojekt zu bewältigen, ohne es in überschaubare Einheiten zu zerlegen. So wie man eine Schwarzwälder Kirschtorte vor dem Verzehr in Stücke schneidet, so zerlegt das Projektmanagement ein Projekt in einzelne Projektphasen, bevor es mit der Projektarbeit beginnt. Projektphasen dienen also der Komplexitätsreduktion.

---

4 In Anlehnung an: Ziele als Führungsinstrumente – Kritische Anmerkungen zum „Management by Objectives". In: Zeitschrift für Organisation, 1971, S. 227, zitiert nach: Schelle/Linssen: Projekte zum Erfolg führen, S. 20.

Einfaches Fünf-Phasen-Modell

Im Folgenden wird ein so einfaches wie allgemein gehaltenes Fünf-Phasen-Modell vorgestellt, welches dem Projektleitfaden in Kapitel B zugrunde liegt (Abb. A_05).

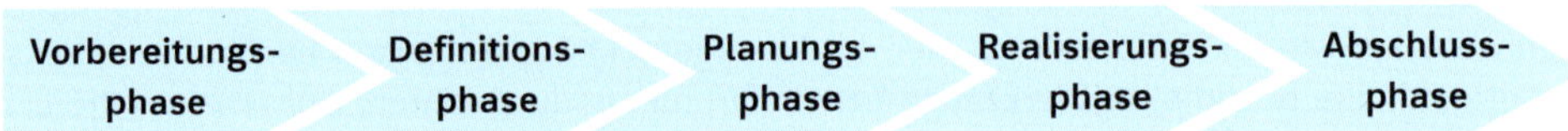

Abb. A_05: Einfaches Fünf-Phasen-Modell

- **Vorbereitungsphase:** In dieser Phase werden alle wichtigen Vorbereitungen getroffen, um mit der eigentlichen Projektarbeit beginnen zu können.
  Phasenergebnisse: *Projektskizze, Projektteam, Machbarkeitsanalyse, Projektorganisation, Projektinformationssystem, Teamregeln*
- **Definitionsphase:** In dieser Phase werden aus unklaren Vorstellungen klare Vorstellungen gemacht. Am Ende dieser Phase sollen die Vorstellungen von Auftraggeber und Auftragnehmer angeglichen sein.
  Phasenergebnisse: *Projektanlassanalyse, Projektziele, Lösungskonzept, Risiko- und Stakeholderanalyse, Projektvertrag*
- **Planungsphase:** In dieser Phase wird gedanklich durchdrungen, wie das Projekt realisiert werden soll. Dazu wird in mehreren Teilplänen dokumentiert, was zu tun ist, wann was passiert, welche Leute und Sachen benötigt werden und welche Kosten anfallen.
  Phasenergebnis: *Projektplanung*
- **Realisierungsphase:** In dieser Phase wird die Projektplanung in die Tat umgesetzt. Das Projektmanagement koordiniert alle Aktivitäten und versucht, die Abweichungen der Projektplanung (Soll) vom tatsächlichen Projektverlauf (Ist) zu minimieren.
  Phasenergebnis: *Projektergebnis (zwischen Auftraggeber und Auftragnehmer vereinbarte Lieferungen und Leistungen)*
- **Abschlussphase:** In dieser Phase wird das Projektergebnis vom Auftraggeber offiziell abgenommen. Außerdem werden wertvolle Erfahrungen, die im Projekt gesammelt wurden, reflektiert und gesichert.
  Phasenergebnisse: *Abnahmeprotokoll, Projektauswertung, Abschlussbericht*

Zeitliche Anordnung der Projektphasen

Im alltäglichen Sprachgebrauch versteht man unter einer Phase einen zeitlich begrenzten Abschnitt. Danach müssen Phasen stets nacheinander angeordnet sein. Abweichend davon unterscheidet man im Projektmanagement drei mögliche zeitliche Anordnungen von Phasen:

- **Sequenzielle Phasen:** Diese finden im Sinne des alltäglichen Sprachgebrauchs nacheinander statt. Sequenzielle Phasenmodelle werden auch als Wasserfallmodelle bezeichnet, weil sie nur eine Richtung kennen, es gibt kein Zurück:

Abb. A_06: Sequenzielle Phasen

- **Parallele Phasen:** Diese laufen ganz oder teilweise gleichzeitig (simultan) ab. Phasenmodelle mit parallelen Phasen sehen die Überlappung von Projektphasen vor, um den Projektzeitraum zu verkürzen. Bei technischen Projekten spricht man von „Simultaneous Engineering“:

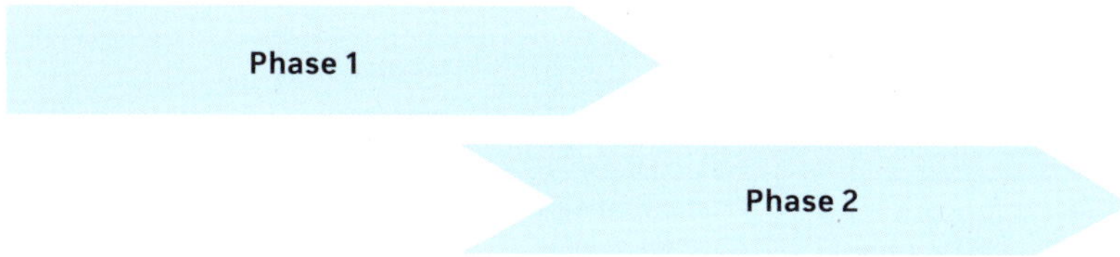

Abb. A_07: Parallele Phasen (Phasenüberlappung)

- **Wiederkehrende Phasen:** Diese Phasen werden mehrfach durchlaufen. Wiederkehrende Phasen sind möglich durch sogenannte Phasenrücksprünge, welche erforderlich sein können, weil Ergebnisse einer vorangehenden Phase zu verfeinern oder zu korrigieren sind:

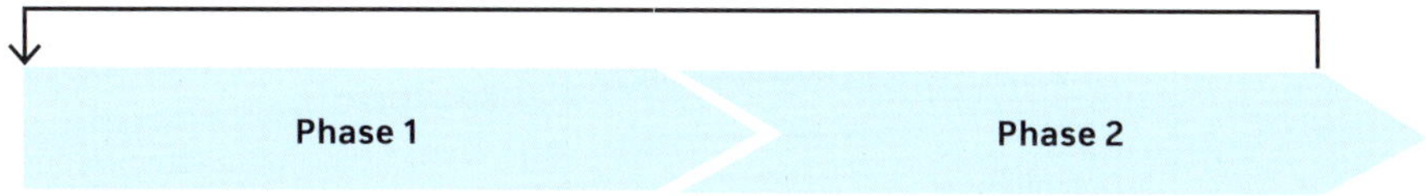

Abb. A_08: Wiederkehrende Phasen (Phasenrücksprung)

Meilensteine

Die DIN 69900 definiert den Meilenstein (engl.: milestone) als Schlüsselereignis bzw. als Ereignis von besonderer Bedeutung. Meilensteine werden in der Projektplanung als schwarze Rauten dargestellt. In der Praxis versteht man unter einem Meilenstein ein definiertes Etappenziel, bei dessen Erreichen ein wichtiges Teilergebnis, das sogenannte Meilensteinergebnis, fertiggestellt ist und abgenommen werden kann (z. B. Abnahme der Fertigungsunterlagen, Abnahme der Antriebseinheit, Abnahme der Elektronik). In vielen Projekten ist die erfolgreiche Abnahme eines Meilensteinergebnisses die Voraussetzung für die Freigabe der nachfolgenden Projektphase. Meilensteine können aber auch innerhalb einer Projektphase eingeplant werden:

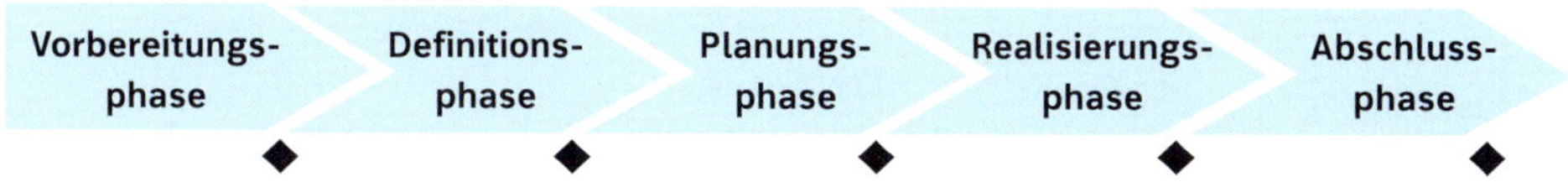

Abb. A_09: Phasen und Meilensteine

Branchenspezifische Phasenmodelle

Je nach Branche, Organisation und Projekt können diese einfachen Phasenmodelle weiter ausdifferenziert und angepasst werden. Eine Übersicht über Phasenmodelle in unterschiedlichen Projektarten liefert Schelle (Abb. A_10).[5]

Typ 1 Investitionsprojekte		Typ 2 Entwicklungsprojekte	Typ 3 Organisationsprojekte	
Anlagenbau Bauwirtschaft	**Einzelprodukt**	**Produktentwicklung für Serienproduktion**	**Verwaltungsprojekt**	**EDV-Projekt**
Grundlagenvermittlung	Ideenfindung	Problemanalyse	Vorstudie	Problemanalyse
Vorplanung	Konzeption	Konzeptfindung	Konzeption	Systemplanung
Entwurfsplanung	Durchführbarkeitsstudie	Produktdefinition	Detailplanung	Detailorganisation
Genehmigungsplanung	Entwurf	Produktentwicklung	Realisierung	Realisierung
Ausführungsplanung	Ausführungsplanung	Realisierung	Einführung	Installation
Ausschreibung, Vergabe	Herstellung	Produktion	Abnahme	Abnahme
Bauausführung	Service, Betreuung	Außerdienststellung		Pflege
Objektverwaltung				

Abb. A_10: Phasenmodelle für unterschiedliche Projektarten

5 Schelle/Linssen: Projekte zum Erfolg führen, München: © dtv Verlagsgesellschaft 2018, Seite 256

4 Vorgehensmodelle für die Softwareentwicklung

Aufgrund der Besonderheiten von Softwareentwicklungsprojekten wurden in den letzten Jahrzehnten spezifische Modelle für das Vorgehen in Softwareentwicklungsprojekten entwickelt, die als „Vorgehensmodelle" bezeichnet werden. Diese reichen von branchenspezifischen Phasenmodellen bis hin zu modernden Modellen, die auf klassische Projektphasen verzichten. Im Folgenden werden wichtige Vorgehensmodelle für Softwareentwicklungsprojekte vorgestellt.

4.1 Wasserfall-Modell

Dieses Modell aus den 1970er Jahren gilt als Klassiker der Prozessmodelle. Der ursprüngliche Grundgedanke bestand darin, dass das Projekt in mehrere Phasen zerlegt wird, die streng zeitlich aufeinander folgen: Erst wenn eine Phase abgeschlossen ist, kann die nächste folgen („sequenzielles Vorgehen"). Wie beim echten Wasserfall gab es also nur eine Richtung, ein „Zurück" war nicht möglich. Als man erkannte, dass man in der Praxis aber immer wieder in vorangehende Phasen zurückkehren muss, wurde das Modell um Phasenrücksprünge (siehe Seite 13) erweitert. Es gibt zahlreiche Varianten des Wasserfall-Modells. Ein einfaches Beispiel ist in Abb. A_11 dargestellt:

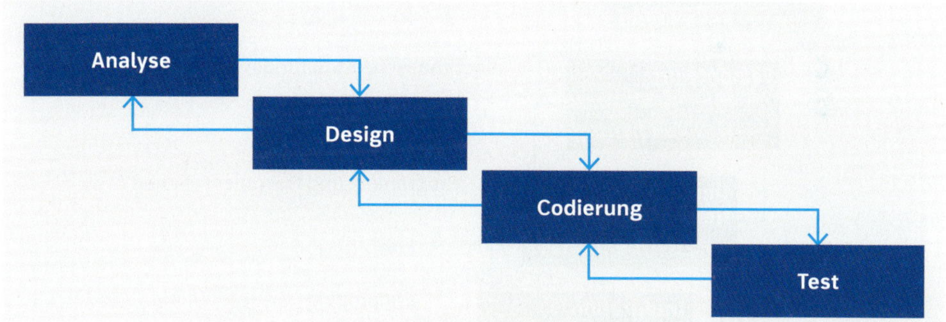

Abb. A_11: Wasserfall-Modell

- **Analyse (Auftragsklärung):** Zunächst wird der Ist-Zustand analysiert (Ist-Analyse): Dabei wird untersucht, wie die betriebliche Situation bzw. das betriebliche Problem (Geschäftsprozesse, Hard- und Softwarebedingungen usw.) zum aktuellen Zeitpunkt aussieht. Anschließend wird der Soll-Zustand modelliert, also geklärt, wie Situation zukünftig sein soll. Ergebnis ist i.d.R. ein Analysemodell. Dabei ist das Projekt ergebnisoffen, es gibt noch keine Vorstellung davon, wie die Software aussehen wird.
- **Design (Entwurf):** Das Design wird gewöhnlich „von außen nach innen" entwickelt: Zunächst werden auf Grundlage des Analysemodells die Aufgaben der zu entwickelnden Software beschrieben und konkrete Systemanforderungen formuliert. Die Ergebnisse werden in einem Grobentwurf (Fachentwurf) dokumentiert. Aus diesem kann dann ein Feinentwurf (DV-Entwurf) werden, welcher bereits konkrete Lösungswege (z. B. die Programmstruktur) enthält. Der DV-Entwurf ist die Grundlage für die Programmierung.
- **Codierung (Implementierung):** Nun erfolgt die eigentliche Umsetzung bzw. Realisierung, das bedeutet, das Endprodukt wird auf Grundlage des Feinentwurfs Schritt für Schritt realisiert bzw. programmiert. Ergebnis ist eine lauffähige Software.

- **Test:** Grundsätzlich muss die Software gründlich getestet werden, bevor sie ausgeliefert werden kann. Dieses einfache Wasserfallmodell unterstellt, dass die Tests erst im Anschluss an die Realisierung erfolgen. Tatsächlich gibt es zu Projektende umfassende Abnahmetests (siehe Seite 87). In der Praxis finden aber die meisten Tests schon begleitend bei der Codierung bzw. Implementierung statt. Die Faustformel lautet: Je früher der Test stattfindet, desto geringer sind die Projektkosten.

Eine ausdifferenzierte Variante dieses Modells liefern Pomberger/Blaschek (Abb. A_12). Darin findet häufig eine Validierung (Prüfung) statt, mit der untersucht wird, ob das Softwareprodukt den Anforderungen des Auftraggebers entspricht.

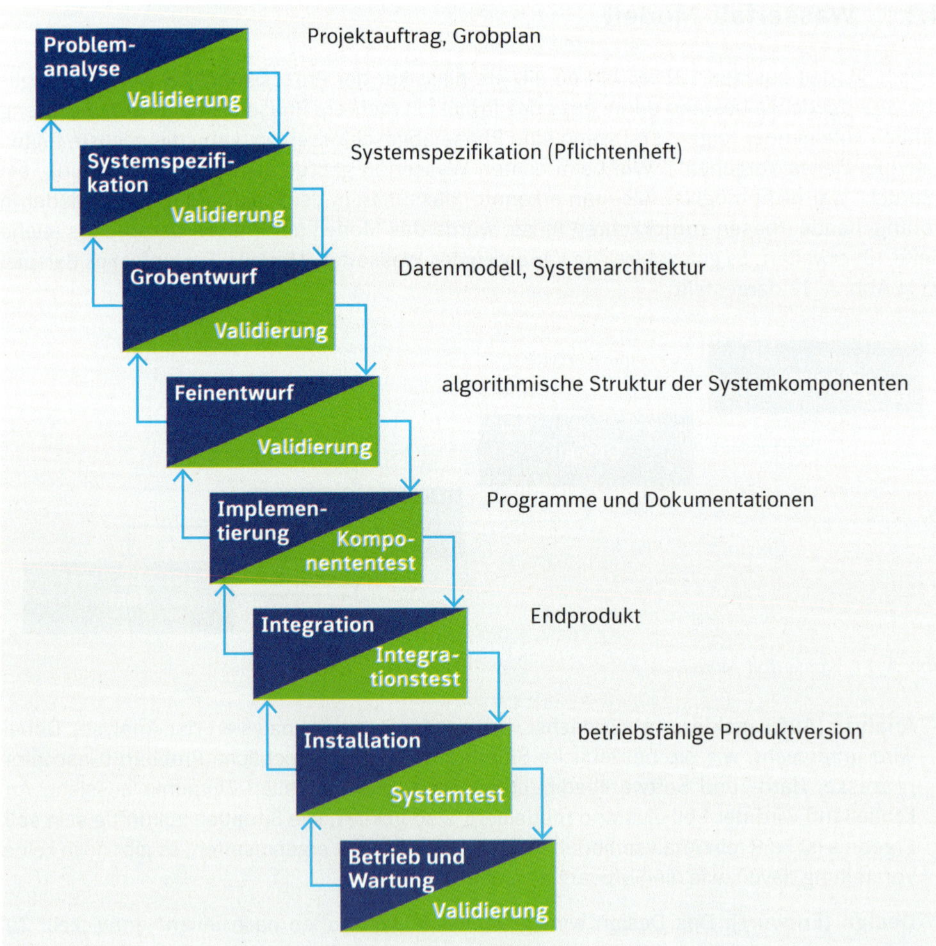

Abb. A_12: Das Wasserfall-Modell nach Pomberger/Blaschek[6]

6 *Pomberger/Blaschek: Software-Engineering : Prototyping und objektorientierte Softwareentwicklung, München: Carl Hanser Verlag 1996, Seite 23*

4.2 V-Modell

Eine Weiterentwicklung des klassischen Wasserfall-Modells ist das V-Modell, welches bereits in den 1980er-Jahren für IT-Projekte erfunden und seitdem immer weiterentwickelt und auch modifiziert wurde. Das V-Modell eignet sich für IT-Projekte jeglicher Größe und beinhaltet einen umfassenden Test-Standard. Häufig verlangen staatliche Auftraggeber von IT-Projekten die Anwendung des V-Modells. Es verdankt seinen Namen seiner V-Form (Abb. A_13).

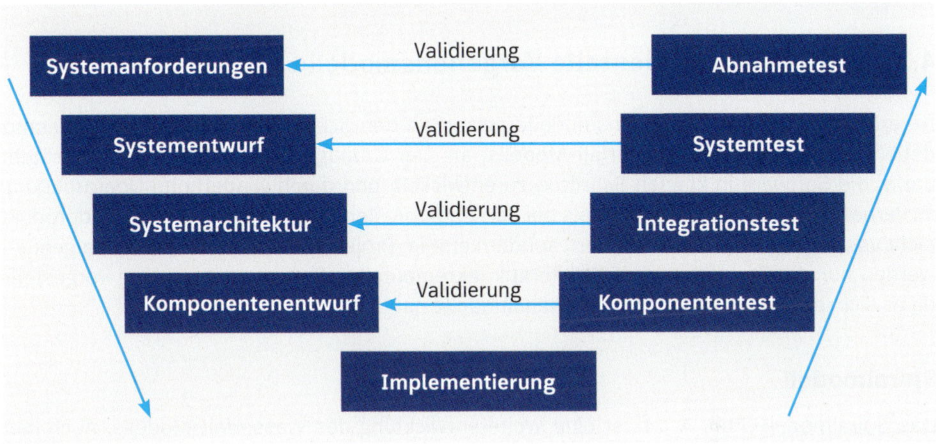

Abb. A_13: V-Modell

- **Linke Seite des V:** Zunächst werden die Anforderungen des Kunden an das System geklärt. Diese definieren, was das Produkt können soll. Danach wird ein Systementwurf entwickelt, welcher einen Weg aufzeigt, wie die Anforderungen umgesetzt werden. Aus dem Systementwurf wird die Systemarchitektur abgeleitet, also das Gesamtsystem in Komponenten (= kleinste Ebene der Software) untergliedert und deren Schnittstellen beschrieben. Anschließend wird die Komponentenspezifikation erstellt, also die Details der einzelnen Komponenten beschrieben.
- **Spitze des V:** Die Spitze des V steht für die Implementierung, also die Umsetzung der vorherigen Schritte bzw. des Entwurfs. Dabei werden die Methoden und Tools der Softwareentwicklung nicht festgelegt, diese können also frei gewählt werden.
- **Rechte Seite des V:** Auf der rechten Seite des V sind die Tests aufgelistet, mit denen das System Ebene für Ebene validiert wird. Das bedeutet, dass nachgewiesen wird, dass die Software fehlerfrei arbeitet und die Anforderungen des Auftraggebers erfüllt. Dabei wird jeder Stufe der Entwurfsseite ein entsprechender Test zugeordnet: Der Komponententest bezieht sich auf die Komponenten auf der untersten Ebene. Der Integrationstest prüft auf der Ebene der Systemarchitektur, ob die Komponenten fehlerfrei zusammenarbeiten. Beim Systemtest wird gemeinsam mit dem Kunden das Gesamtsystem praxisnahen Tests unterzogen. Der Abnahmetest wird mit den tatsächlichen Anwendern und Anwenderinnen in realer Kundenumgebung durchgeführt.

Das V-Modell ist prinzipiell einfach aufgebaut und gewährleistet ein hohes Maß an Validität. Gleichwohl ist es mit einem hohen Dokumentationsaufwand verbunden und als Variante des Wasserfallmodells wenig flexibel.

In der Programmierpraxis hat sich gezeigt, dass es sowohl für den Auftraggeber als auch den Auftragnehmer kaum möglich ist, von Anfang an alle Anforderungen an das fertige Softwareprodukt genau zu kennen bzw. zu beschreiben. Gewöhnlich stellen beide Seiten im Laufe der Entwicklung eines neuen Programms nach und nach fest, dass anfängliche Vorstellungen ungenau waren und überarbeitet werden müssen. Dieses Problem wie auch das Problem des hohen Dokumentationsaufwands führten zur Entwicklung iterativ-inkrementeller Vorgehensmodelle.

4.3 Iterativ-inkrementelle Vorgehensmodelle

Iterativ-inkrementelle[7] Vorgehensmodelle setzen an den Schwächen klassischer Phasenmodelle, insbesondere des Wasserfall-Modells, an: Der Grundgedanke dieser Modelle besteht darin, die Software in kleinen Schritten zu entwickeln und durch wiederholte Überarbeitung zu verbessern. Dabei wird, anders als bei den traditionellen Phasenmodellen, das Endprodukt nicht von Anfang an präzise definiert, sondern erst im Projektverlauf entwickelt. Im Folgenden werden nur die Grundgedanken der iterativ-inkrementellen Softwareentwicklung vorgestellt, da es sich jeweils um komplexe Vorgehensmodelle handelt.

Spiralmodell

Das Spiralmodell (Abb. A_14) ist eine Weiterentwicklung des Wasserfall-Modells. Auch hier werden Phasen durchlaufen, jedoch anders als beim Wasserfall-Modell folgen die einzelnen Projektphasen hier nicht mehr starr aufeinander, sondern werden immer wieder spiralförmig durchlaufen. Auftraggeber und -nehmer sehen sich frühzeitig die Teilergebnisse an und konkretisieren bzw. korrigieren die ursprünglichen Anforderungen an das Produkt. Kennzeichnend für das Spiralmodell sind:

- die Abschätzung und Eingrenzung von Projektrisiken,
- die Entwicklung von Prototypen, die eine kontinuierliche Kontrolle und Verbesserung erlauben.

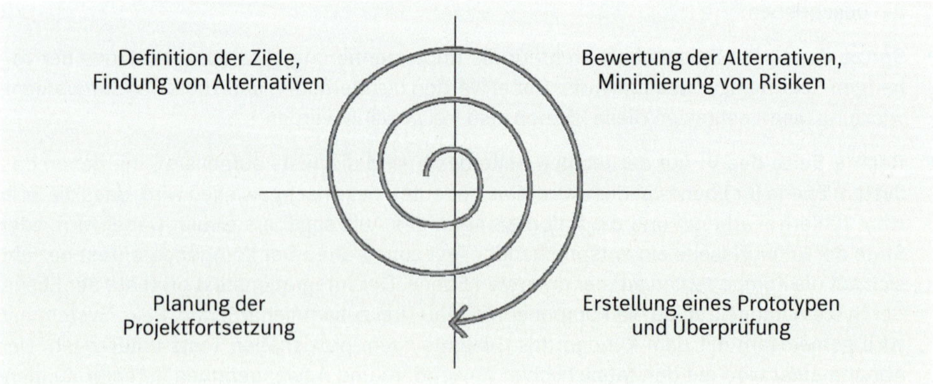

Abb. A_14: Spiralmodell

7 *iterativ: wiederholend; inkrementell: schrittweise erfolgend, aufeinander aufbauend*

Extreme Programming (XP)

Extreme Programming (XP) ist eine extreme Weiterentwicklung des Spiralmodells mit dem Ziel, optimal auf unklare und/oder sich ändernde Softwareanforderungen zu reagieren. Es eignet sich für kleine bis mittelgroße Teams (maximal zwölf Mitglieder). Teamarbeit, intensive Kommunikation sowie Offenheit stehen dabei im Vordergrund. Im Laufe der Zeit wurde dazu eine Vielzahl an Werten, Prinzipien und Techniken des XP entwickelt. Wichtige Merkmale des XP sind:

- **Paarweise Programmierung:** Zwei Mitglieder in einem Programmierteam entwickeln den Code gemeinsam an einem Rechner mit einem Monitor, diskutieren während des Programmierens über mögliche bessere Alternativen und wechseln sich in kurzen Zeitabständen an der Tastatur ab. Dabei wird der Programmiercode so einfach wie möglich gehalten.
- **Test vor Implementierung:** Bereits vor der Programmierung der jeweiligen Funktionalitäten werden für die einzelnen Programmeinheiten die Testfälle geschrieben. Beispielsweise werden für eine geplante Eingabemaske zum Anlegen von Aufträgen alle möglichen Fehleingaben durchgespielt. Dieses Verfahren zwingt die Programmiererinnen und Programmierer, ihren Code immer wieder zu überdenken. Erst nach bestandenen Tests wird das Modul implementiert.
- **Einbindung des Kunden:** Der Kunde gibt das Ziel der einzelnen Iteration mithilfe einer „Story" vor, in der er die zukünftige Anwendung und die Bedingungen konkret beschreibt. Diese Storys werden anschließend in entsprechende Testfälle umgesetzt. Der Kunde ist also eng in die Entwicklung eingebunden.

Neuere Modelle

Iterativ-inkrementelle Vorgehensmodelle der Softwareentwicklung wurden im Laufe der letzten Jahrzehnte immer weiter entwickelt und zunehmend dem Leitgedanken der sogenannten „Agilität" untergeordnet. Agil (engl.: agile) steht für eine besondere Flexibilität insbesondere in Bezug auf sich ändernde Kundenanforderungen im Projektverlauf. Das bekannteste agile Vorgehensmodell ist „Scrum". Agiles Projektmanagement im Allgemeinen und Scrum im Besonderen spielen in der Softwareentwicklung heute eine große Rolle und werden daher ausführlich in einem eigenen Kapitel („D Agiles Projektmanagement") im Anschluss an das klassische Projektmanagement vorgestellt. In der Praxis werden klassische und agile Methoden des Projektmanagements oftmals kombiniert.

B Leitfaden für klassisches Projektmanagement

I Vorbereitungsphase

In allen Dingen hängt der Erfolg von den Vorbereitungen ab.
Weisheit nach Konfuzius

Herzlich willkommen in unserem Leitfaden! Mein Name ist Charlotte Brandt. Ich möchte Sie gemeinsam mit meinem Kollegen Herrn Mertens durch Ihr Projekt führen. Dabei gehen wir klassisch vor, das heißt, wir zerlegen das Projekt in Phasen und arbeiten es Schritt für Schritt ab.

Wir beginnen mit der Vorbereitungsphase, mit der Sie wichtige Voraussetzungen für Ihre eigentliche Projektarbeit schaffen. Sie entlasten sich damit in den folgenden Projektphasen und werden froh sein, wenn Sie sich dann ganz auf die Projektinhalte konzentrieren können.

1 Skizzieren der Projektidee

1.1 Was man dazu wissen sollte

Entstehung einer Projektidee

Der erste Impuls (Anstoß) zur Durchführung eines Projekts kann ganz unterschiedliche Gründe haben, wie etwa die Lösung eines technischen Problems oder eines Umweltproblems, das Schließen einer Lücke im Produktprogramm, die Optimierung betrieblicher Prozesse, die Erforschung eines Themas, die Organisation einer Veranstaltung oder die Umsetzung einer künstlerischen Idee. Dabei steht am Anfang gewöhnlich nur eine erste grobe und undeutliche Idee oder eine diffuse Vorstellung. In diesem Stadium ist oft noch gar nicht klar, ob es sich überhaupt um ein Projekt handelt, ein Projektmanagement ist daher noch nicht eingeschaltet.

Rolle von Auftraggeber und Auftragnehmer

In jedem Projekt gibt es einen Auftraggeber und einen Auftragnehmer. Beide Rollen müssen über den gesamten Projektzeitraum konsequent auseinandergehalten werden:

- Der **Auftraggeber** will mit dem Projekt ein bestimmtes Ziel erreichen und gibt zu diesem Zweck ein Projekt in Auftrag.
- Der **Auftragnehmer** nimmt den Projektauftrag an und führt das Projekt durch.

1.2 Was jetzt zu tun ist

Erstellen eines Projektsteckbriefs

In einem ersten Schritt wird die Projektidee in einem Projektsteckbrief (auch „Projektskizze") schriftlich skizziert. Der Projektsteckbrief enthält erste Eckpunkte und kann als Geburtsurkunde des Projekts betrachtet werden. Der Auftragnehmer sollte ihn in seinem eigenen Interesse ausfüllen, denn er gibt dem Projekt eine Richtung und beugt grundlegenden Missverständnissen mit dem Auftraggeber vor.

Web

Projektsteckbrief (Projektskizze)	
Projektname:	Auftraggeber:
Kurzbeschreibung:	
Projektziele:	
Projektergebnisse:	
Starttermin:	Endtermin:
Chancen:	Risiken:
Ressourcen:	Kosten:
Projektleitung:	Projektteam:

Abb. B_01: Projektsteckbrief (Projektskizze)

Prüfen der Projekteigenschaft

Auf Grundlage des Projektsteckbriefes überprüft der Auftragnehmer, ob es sich bei dem Vorhaben tatsächlich um ein Projekt handelt, denn vielfach werden Vorhaben als Projekte bezeichnet, die gar keine sind. Beauftragt beispielsweise die Marketingleitung eine Mitarbeiterin oder einen Mitarbeiter mit dem Projekt *„Planung, Erstellung und Druck von 1.000 Flyern"*, so wird diese schon bald feststellen, dass sie schon mit den Maßnahmen der Projektvorbereitung mit Kanonen auf Spatzen schießt. Natürlich ist die Erstellung eines Flyers mit Arbeit verbunden, aber hier wäre eine einfache To-do-Liste (s. Buch+Web) das geeignetere Instrument. Mithilfe der Checkliste „Projektmerkmale" lässt sich einfach überprüfen, ob es sich bei dem geplanten Vorhaben tatsächlich um ein Projekt handelt (s. Kapitel *A I 1 Definition und Merkmale eines Projekts*):

Checkliste: Projektmerkmale

- Einmaligkeit
- Zeitliche Befristung
- Präzise Zielvorgabe
- Komplexität
- Beteiligung mehrerer Menschen, Arbeitsgruppen oder Organisationen
- Begrenzte Ressourcen
- Interdisziplinärer Charakter

Abb. B_02: Checkliste: Projektmerkmale

2 Zusammenstellen des Projektteams

2.1 Was man dazu wissen sollte

Teambegriff

Gemäß DIN 69901 versteht man unter einem Projektteam „alle Personen, die einem Projekt zugeordnet sind und zur Erreichung des Projektzieles Verantwortung für eine oder mehrere Aufgaben übernehmen“.[1]

Projektteams in Kleinprojekten

Bei Kleinprojekten besteht das Projektteam aus der Projektleiterin bzw. dem Projektleiter und den Projektmitarbeiterinnen und -mitarbeitern, welche das Projekt realisieren. Dabei ist die Projektleitung für das Projektmanagement zuständig und arbeitet gewöhnlich an der Realisierung („am Produkt“) mit.

Projektteams in Großprojekten

In Großprojekten sind zu unterscheiden:

- **Angebotsteam:** Dieses wird oftmals ausschließlich für die Ausarbeitung eines Projektangebots zusammengestellt. Der Zeitraum der Angebotserstellung, der gewöhnlich mehrere Wochen dauert, wird als „Angebotsphase“ bezeichnet.
- **Kernteam:** Dieses wird nach Auftragseingang zusammengestellt und ist für das Projektmanagement zuständig. Es besteht typischerweise aus einer Projektleiterin oder einem Projektleiter, einer oder einem Produktverantwortlichen, mehreren Teilverantwortlichen sowie jeweils einer qualitätssichernden, juristischen und betriebswirtschaftlichen Fachkraft (oft als Projektcontroller bezeichnet). Die Mitglieder des Kernteams begleiten das Projekt in der Regel vom ersten bis zum letzten Tag.

1 Deutsches Institut für Normung (Hrsg.): DIN 69901-5 Projektmanagement - Projektmanagementsysteme - Teil 5 Begriffe, Berlin: Beuth 2009, Seite 16

- **Ausführungsteam:** Dieses wird ebenfalls erst nach Auftragseingang zusammengestellt und ist für die Umsetzung der Planung, also für die Herstellung des Produkts bzw. die Erbringung der Dienstleistung zuständig. Je nach Projekt kann es aus wenigen, aus zig, aus Hunderten oder auch aus Tausenden von Personen bestehen – von den Expertinnen und Experten bis zu den Auszubildenden. Die Mitglieder des Ausführungsteams arbeiten oft nur temporär am Projekt mit.

2.2 Was jetzt zu tun ist

Auswählen der Projektleitung

Die Projektleiterin bzw. der Projektleiter trägt die Verantwortung für den Projekterfolg, also für die Erreichung der Projektziele, und wird daher auch als „Unternehmer/-in auf Zeit" bezeichnet. Abhängig vom Einzelfall kann die Auswahl auf unterschiedlichen Wegen erfolgen. In vielen Fällen überträgt eine höhere Hierarchieebene die Projektleitung auf eine geeignete Person, welche dann ihr Team zusammenstellt. Manchmal gibt es aber auch schon ein Projektteam, welches die Projektleitung aus seiner Mitte heraus bestimmt. Die Projektleitung wird grundsätzlich nur von einer Person wahrgenommen und sollte über folgende Kompetenzen verfügen:

- **Fachkompetenz:** fachliche Kenntnisse, mindestens ein fachliches Grundverständnis
- **Sozialkompetenz:** Fähigkeit, aktiv auf Menschen zuzugehen, emphatisch zu kommunizieren und auch Konflikte konstruktiv auszutragen
- **Führungskompetenz:** Fähigkeit, ein Team zu führen und alle Mitglieder zu motivieren
- **Methodenkompetenz:** Beherrschen der Prozesse und Instrumente des Projektmanagements
- **Zielstrebigkeit:** Klare Zielorientierung, Planungskompetenz und Durchhaltevermögen
- **Durchsetzungsvermögen:** Eigene Interessen auch gegen Widerstände vertreten

Web

In der Praxis gibt es die Tendenz, der Fachkompetenz die Priorität einzuräumen, also die Projektleitung guten Fachleuten zu übertragen. Doch diese sind für eine Projektleitung oftmals gar nicht geeignet, denn sie neigen häufig dazu, sich auf die Lösung fachlicher Detailprobleme zu konzentrieren, anstatt das gesamte Projekt im Blick zu behalten, wichtige Prozesse zu steuern und soziale Belange zu beachten. Eine gute Projektleitung bringt von allem etwas mit.

Bestimmen der Teamgröße

Die optimale Teamgröße ist abhängig von Art und Umfang des Projekts. Ganz allgemein gilt jedoch die Faustformel: „So klein wie möglich, so groß wie nötig." Denn zum einen hat die Forschung herausgefunden, dass die einzelnen Teammitglieder mit zunehmender Teamgröße weniger leisten. Zum Zweiten zerfallen größere Teams früher oder später in Teilgruppen, was die Gesamtleistung des Teams schwächt. Und zum Dritten erhöht sich mit zunehmender Anzahl der Teammitglieder (n) die Anzahl der Kommunikationsmöglichkeiten (N) und damit der Kommunikationsaufwand gemäß folgender Formel exponentiell:[2]

$$N = \frac{n * (n - 1)}{2}$$

In Schul- und Hochschulprojekten haben sich Projektteams mit vier Mitgliedern bewährt, in der Realwirtschaft sollten Projektteams in kleinen und mittleren Projekten bzw. Kernteams in Großprojekten nicht größer sein als zehn Personen.

---

2 *Vgl. Busch/von der Oelsnitz: TEAM, S. 61*

Auswählen der Projektmitarbeiterinnen und -mitarbeiter

Bei der Auswahl der Projektmitarbeiterinnen und -mitarbeiter steht die Fachkompetenz im Vordergrund. In der Realwirtschaft setzt sich diese Fachkompetenz zusammen aus beruflichen Qualifikationen (Ausbildung, Studium, Zusatzqualifikationen usw.) und praktischer Berufserfahrung. Beispielsweise braucht man für die Entwicklung eines neuen Pkw-Prototyps erfahrene Ingenieurinnen und Ingenieure, Designerinnen und Designer, Programmiererinnen und Programmierer usw. In Schul- und Hochschulprojekten geht es dagegen um eine fachliche Einarbeitung des Teams. Psychologische Studien legen nahe, dass Projektteams mit unterschiedlichen Persönlichkeiten (Teamrollen) besetzt werden sollten. So lässt sich vereinfachend sagen: Ein vierköpfiges Projektteam mit einem zielstrebigen Leitwolf, einer kreativ-chaotischen Erfinderin, einem anpackenden Macher und einer sorgfältigen Perfektionistin wird bessere Ergebnisse hervorbringen als ein Team mit vier Leitwölfen. Außerdem sollten sich die Teammitglieder untereinander gut verstehen und gegenseitig akzeptieren, denn sie müssen über längere Zeit eng zusammenarbeiten.

Abstimmen erster Schritte

Ziel und Inhalt der ersten Teamsitzung sind abhängig vom Einzelfall. Mögliche Tagesordnungspunkte (TOPs) können sein:

- Begrüßung und Vorstellungsrunde
- Vorstellung des Projekts und des Auftraggebers
- Abstimmen des weiteren Vorgehens
- Verteilung der Aufgaben innerhalb der Vorbereitungs-, Definitions- und Planungsphase

3 Prüfen von Machbarkeit und Wirtschaftlichkeit

3.1 Was man dazu wissen sollte

Bedeutung

Sofern die Machbarkeit bzw. Durchführbarkeit eines Projekts nicht sicher ist, wird vor Projektbeginn eine Machbarkeitsanalyse (Durchführbarkeitsanalyse) durchgeführt. Außerdem wird mithilfe einer Wirtschaftlichkeitsanalyse überprüft, ob sich das Projekt für den Auftraggeber finanziell lohnt. Weitere Analysen, die der Priorisierung von Projekten dienen, werden hier nicht vertieft.

Arten der Machbarkeit

- **Technische Machbarkeit:** Diese betrifft die Frage, ob das Projekt überhaupt realisierbar ist, unabhängig von der Frage, wer es durchführt. Dabei sind Naturgesetze, Materialeigenschaften, Bodenbeschaffenheit usw. zu beachten. Beispielsweise ist es bislang technisch nicht möglich, einen Pkw mit Verbrennungsmotor zu entwickeln, der nur einen halben Liter Treibstoff auf 100 km verbraucht und 150 PS leistet.

- **Betriebliche Machbarkeit:** Diese betrifft die Frage, ob der eigene Betrieb in der Lage ist, das Projekt durchzuführen. Vielleicht fehlen das Know-how, das Personal, die erforderliche Hard- oder Software oder die erforderlichen Finanzmittel. Außerdem muss das Projekt mit der Aufbau- und Ablauforganisation des Betriebes vereinbar sein.

- **Rechtliche Machbarkeit:** Diese betrifft die Frage, ob das Projekt mit geltendem Recht (z. B. Bau-, Arbeits-, Sozial-, Umwelt-, Wettbewerbs- oder Steuerrecht) vereinbar ist und auch, ob erforderliche Genehmigungen erteilt werden.
- **Risikobezogene Machbarkeit:** Diese betrifft die Frage, ob das Projekt mit nicht beherrschbaren Risiken behaftet ist. Eine detaillierte Darstellung der Risikoanalyse ist Gegenstand von Abschnitt *B II 4 Analysieren der Projektrisiken*, denn sie wird auch dann durchgeführt, wenn das Projekt machbar ist.
- **Politische Machbarkeit:** Diese betrifft die Frage, ob bestimmte Interessengruppen (Stakeholder) das Projekt verhindern könnten. Eine detaillierte Beschreibung der Stakeholderinteressen ist Gegenstand von Abschnitt *B II 5 Analysieren der Stakeholderinteressen*, denn sie wird wie die Risikoanalyse auch dann durchgeführt, wenn das Projekt machbar ist.

3.2 Was jetzt zu tun ist

Prüfen der Machbarkeit

Machbarkeitsanalysen können vom Umfang her sehr unterschiedlich angelegt sein:

- **Machbarkeitsschätzung:** Projektleitung und Projektteam schätzen die Machbarkeit auf Grundlage eigener Erfahrungen und Expertenbefragungen grob ab.
- **Machbarkeitsstudie:** Das Projektmanagement und/oder externe Expertinnen und Experten untersuchen die Machbarkeit des Projekts im Rahmen einer Machbarkeitsstudie. Diese kann aus mehreren Teilstudien bestehen (technische Studie, betriebliche Studie, rechtliche Studie usw.) und Schritte der Definitions- und der Planungsphase enthalten (s. Kapitel *B II Definitionsphase* und *B III Planungsphase*).
- **Machbarkeitsprojekte:** Dem Projekt wird ein Machbarkeitsprojekt vorgeschaltet. Dieses ist inhaltlich vergleichbar mit der Machbarkeitsstudie, jedoch ist es als Projekt erheblich komplexer (z. B. Untersuchung des Untergrunds und statische Berechnungen vor dem Bau einer Brücke).

Mithilfe der Checkliste „Machbarkeitsanalyse“ (Abb. B_03) sollen unterschiedliche Dimensionen der Machbarkeit überprüft werden. Sind Fragen mit Nein zu beantworten, ist das Projekt ggf. nicht durchführbar.

Prüfen der Wirtschaftlichkeit

Neben der Machbarkeit wird auch die Wirtschaftlichkeit eines Projekts überprüft. Die Leitfrage lautet: *„Lohnt sich das Projekt?“* Dabei können unterschiedliche Berechnungen (z. B. statische und dynamische Investitionsrechnungen) vorgenommen und entsprechende Kennzahlen ermittelt werden. Eine wichtige Kennzahl ist die Rentabilität (engl.: Return on Investment, ROI), die im einfachsten Falle wie folgt definiert ist:

$$\text{Rentabilität} = \frac{\text{Gewinn}}{\text{eingesetztes Kapital}}$$

Das eingesetzte Kapital entspricht den Projektkosten, die schon vor der Entscheidung zur Projektdurchführung mithilfe einer groben Projektplanung zu ermitteln sind (s. Kapitel *B III Planungsphase*).

Checkliste: Machbarkeitsanalyse

I Technische Machbarkeit: Geht das überhaupt?
- Sind die Technologien beherrschbar?
- Werden relevante physikalische Gesetze berücksichtigt?
- Werden relevante Eigenschaften von Materialien berücksichtigt?

II Betriebliche Machbarkeit: Können wir das?
- Verfügen wir über das erforderliche Know-how?
- Verfügen wir über die erforderliche Hard- und Software?
- Haben wir ausreichend qualifiziertes Personal?
- Verfügen wir über die erforderlichen finanziellen Mittel (Liquidität)?
- Ist das Projekt mit unserer Unternehmensorganisation vereinbar?

III Rechtliche Machbarkeit: Ist das erlaubt?
- Ist das Projekt mit nationalem Recht vereinbar?
- Ist das Projekt mit internationalem Recht vereinbar?
- Erhalten wir alle erforderlichen Genehmigungen?

IV Politische Machbarkeit: Ist jemand dagegen?
- Gibt es innerbetriebliche Interessengruppen, die das Projekt gefährden können?
- Gibt es außerbetriebliche Interessengruppen, die das Projekt gefährden können?

V Risikobezogene Machbarkeit: Was kann schieflaufen?
- Ist die Eintrittswahrscheinlichkeit der einzelnen Projektrisiken begrenzt?
- Ist das Schadensausmaß der einzelnen Projektrisiken begrenzt?

Abb. B_03: Checkliste: Machbarkeitsanalyse

4 Einbinden des Projekts in die Organisation

4.1 Was man dazu wissen sollte

Einordnung

Projekte sind von Natur aus komplexe Vorhaben und können daher nicht einfach so nebenbei erledigt werden. Aus diesem Grunde verlangt die DIN 69901 für Projekte eine projektspezifische Organisation. Das bedeutet, dass jedes Projekt offiziell in die Unternehmensorganisation eingebunden und im Organigramm[3] des Unternehmens abgebildet werden muss.

3 *Organigramm: grafische Darstellung einer Aufbauorganisation.*

Begriff der Projektorganisation

Der Begriff der Projektorganisation kann unterschiedlich weit gefasst werden. Im weiteren Sinne versteht man darunter alle organisatorischen Aspekte wie die Einbindung des Projektes in die Aufbauorganisation, die Ausgestaltung der Ablauforganisation (Wahl des Phasenmodells) und auch die Zusammenstellung des Projektteams. Im engeren Sinne wird unter Projektorganisation nur die Einbindung des Projekts in die Aufbauorganisation verstanden. Dieses Begriffsverständnis liegt den folgenden Ausführungen zugrunde.

4.2 Was jetzt zu tun ist

Variante 1: Einrichten einer Stabs-Projektorganisation

Bei der Stabs-Projektorganisation (Einfluss-Projektorganisation, Projektkoordination) erhält die Projektleitung eine Stabsstelle und damit nur eine beratende und koordinierende Funktion, aber keine Weisungsbefugnis. Diese bleibt in der Linie, also bei der Unternehmensleitung, den Bereichsleitungen, den Abteilungsleitungen und den Gruppenleitungen. Die Projektleitung koordiniert die Projektmitarbeiterinnen und -mitarbeiter, die aber in ihren Fachabteilungen (z.B. Einkauf, Lager, Produktion, Montage, Rechnungswesen, Marketing, Vertrieb) verbleiben.

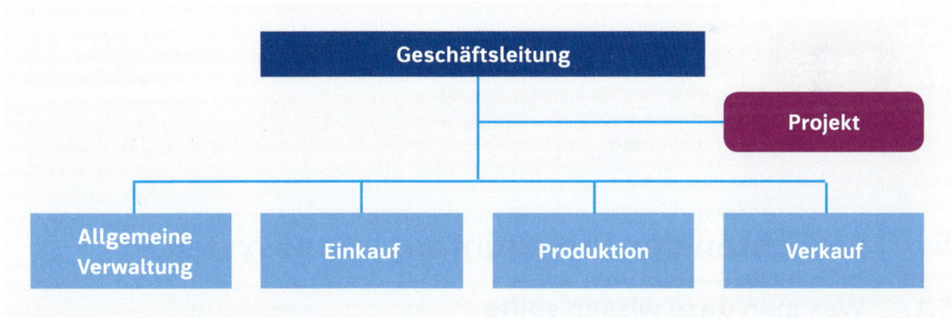

Abb. B_04: Stabs-Projektorganisation

Variante 2: Einrichten einer reinen Projektorganisation

Die reine Projektorganisation (autonome Projektorganisation, Task Force) sieht die Einrichtung einer eigenen und selbstständigen Organisationseinheit nur für das Projekt vor. Alle Projektmitarbeiterinnen und -mitarbeiter werden für den gesamten Projektzeitraum aus ihren Fachabteilungen („aus der Linie") abgezogen und arbeiten ausschließlich am Projekt. Die Projektleitung ist allen Projektmitarbeiterinnen und -mitarbeitern gegenüber weisungsbefugt.

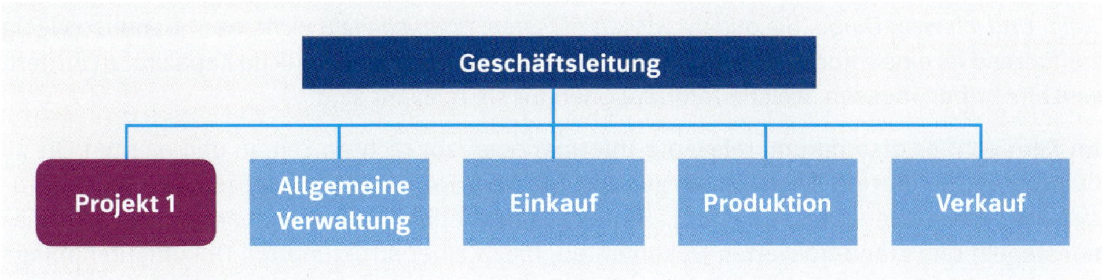

Abb. B_05: Reine Projektorganisation

Variante 3: Einrichten einer Matrix-Projektorganisation

Bei der Matrix-Projektorganisation werden die Projekte als Organisationseinheiten in die Aufbauorganisation aufgenommen. Die Projektmitarbeiterinnen und -mitarbeiter können nun für vereinbarte Zeiträume aus den Fachabteilungen in die Projekte abgestellt werden, wo sie befristet der Projektleitung unterstellt sind. Befugnisse und Verantwortlichkeiten werden also zwischen Abteilungsleitungen und Projektleitung aufgeteilt, die Projektmitarbeiterinnen und -mitarbeiter sind damit „Diener zweier Herren".

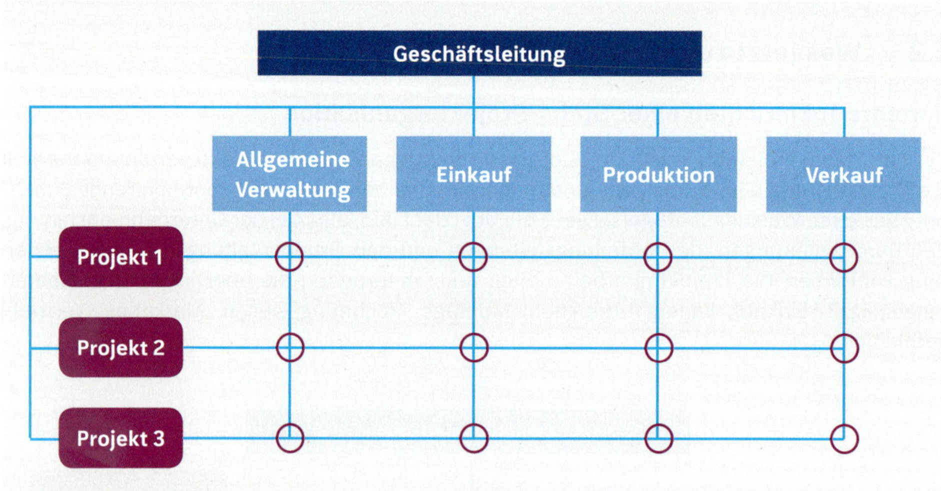

Abb. B_06: Matrix-Projektorganisation

5 Einrichten des Projektinformationssystems

5.1 Was man dazu wissen sollte

Begriff und Bedeutung

Kommunikationsprobleme sind (neben unqualifizierten Zielformulierungen) einer der häufigsten Gründe für das Scheitern von Projekten. Ein verbreitetes Kommunikationsproblem besteht darin, dass Teammitglieder sich übergangen bzw. schlecht informiert fühlen. Alle, die schon einmal in einem Projekt mitgearbeitet haben, kennen Gedanken wie *„Warum weiß ich nichts davon?"*, *„Warum sagt mir das keiner?"*, *„Ist ja toll, dass ich das auch mal erfahre!"*. Ein Projektmitarbeiter eines Softwareprojekts in einem großen Industriebetrieb formulierte das Problem einmal so: *„Irgendwelche Leute in meinem Projektteam wissen Dinge, die ich wissen müsste, aber nicht weiß. Und ich weiß Dinge, die andere wissen müssten, aber ich weiß nicht, wer."* Genauso wenig zielführend ist eine Informationsflut, die ständig zeitliche und gedankliche Kapazitäten fordert, weil alle prüfen müssen, welche Informationen für sie relevant sind.

Im Kern geht es also darum, relevante Informationen zur rechten Zeit an den rechten Ort zu übermitteln. Zu diesem Zweck ist ein gut durchdachtes Projektinformationssystem (kurz: Infosystem) einzurichten. Dieses besteht aus einer Kombination aus Informationswegen, Informationsregeln und standardisierten Dokumenten, die in einer strukturierten Dokumentenablage archiviert sind. In Großprojekten wird dafür eine Dokumentenverwaltungssoftware eingesetzt oder ein eigenes Projektbüro eingerichtet.

Beste Möglichkeiten der Kommunikation und Kollaboration im Projektteam bieten digitale Tools mit dezentralen Zugriffsmöglichkeiten und gemeinsamen Arbeits- und Austauschräumen. Solche Tools verfügen über unterschiedliche schriftliche und mündliche Kommunikationsfunktionen (z. B. E-Mail, Chat, Telefon, Videokonferenz), eine gemeinsame Dateiablage, die Möglichkeit zur Nachverfolgung von Änderungen an Dateien sowie eine Kalenderfunktion. Sie unterstützen zudem moderne Formen der Arbeitsorganisation (z. B. zeitgleiche Bearbeitung von Dateien und Besprechungen an unterschiedlichen Orten).

5.2 Was jetzt zu tun ist

Identifizieren möglicher Informationswege

Zunächst werden mögliche Informationswege gesammelt. Die Leitfrage lautet: *„Auf welchem Wege könnten wir uns informieren?“* Beispiele für Informationswege sind:

Informationswege	
mündlich	**schriftlich**
▪ Gespräch (Face to face oder Telefonat) ▪ Vortrag, Präsentation ▪ Besprechung ▪ Videokonferenz	▪ E-Mail ▪ Messengerdienst ▪ Besprechungsprotokoll ▪ Bericht (z. B. Statusbericht)

Abb. B_07: Informationswege

Definieren offizieller Besprechungsarten

Das Projektteam legt fest, welche Arten offizieller Besprechungen stattfinden sollen. Üblich sind:

- **Statusbesprechungen:** Regelmäßige Routinebesprechungen, die über den Projektfortschritt aufklären sollen. Dazu liefern die Teammitglieder Rückmeldungen aus ihren Abteilungen.
- **Sonderbesprechungen:** Besprechungen, die aus aktuellem Anlass durchgeführt werden (z. B. zur Lösung kurzfristig aufgetretener Probleme).
- **Daily Stand-up Meetings:** Tägliche Kurzmeetings von maximal 15 Minuten, die im Stehen abgehalten werden (siehe Kapitel *D II 4 Ereignisse*).

Definieren offizieller Dokumentarten

Das Projektteam legt fest, welche Arten von Dokumenten verwendet werden sollen. Üblich sind:

- **Besprechungsprotokolle:** Diese dokumentieren die Ergebnisse offizieller Besprechungen (z. B. Meetings mit dem Auftraggeber oder offizielle Statusbesprechungen).
- **Statusberichte (Projektfortschrittsberichte):** Diese werden periodisch (z. B. monatlich) erstellt und informieren höhere Hierarchieebenen bzw. den Auftraggeber über den Projektfortschritt.
- **Sonderberichte:** Diese dienen der Kenntnisnahme wichtiger Sachverhalte bzw. wichtiger getroffener Entscheidungen (Kurzbericht) oder der Vorbereitung von Entscheidungen.
- **Abschlussbericht:** Dieser dient in erster Linie der Dokumentation des Projekterfolgs und der Erfahrungssicherung (s. Abschnitt *B V 5 Verfassen des Abschlussberichts*).

Gestalten von Formularen

Formulare sind eine große Hilfe bei der Projektdokumentation: Zum einen erinnern sie bei der Erstellung an alle Informationen, die zu dokumentieren sind, es wird also nichts Wichtiges vergessen. Zum anderen erleichtern sie die gezielte Suche von Informationen, da alle Informationsarten immer an derselben Stelle dokumentiert werden. Das Projektteam wählt geeignete Formulare aus (siehe Buch+Web) und passt sie an den eigenen Bedarf an.

Web

Einrichten einer strukturierten Dokumentenablage

Alle Mitglieder des Projektteams müssen jederzeit Zugang zu allen für sie relevanten Dokumenten haben. In der Vergangenheit gab es in den meisten Organisationen für jedes Projekt einen oder mehrere Aktenordner, in dem die gesamte Projektdokumentation abgeheftet wurde. Heute haben digitale Plattformen (Online-Plattformen) den klassischen Aktenordner in den meisten Organisationen ersetzt. Entsprechend ist eine geeignete Online-Plattform auszuwählen und darin eine übersichtliche Ordnerstruktur anzulegen (Abb. B_08). Dabei ist darauf zu achten, dass alle Unterordner aussagefähig benannt sind und sämtliche Dokumente diesen Unterordnern eindeutig zugeordnet werden können. In größeren Projekten wird dazu eine Dokumentenverwaltungssoftware eingesetzt.

Beispiel

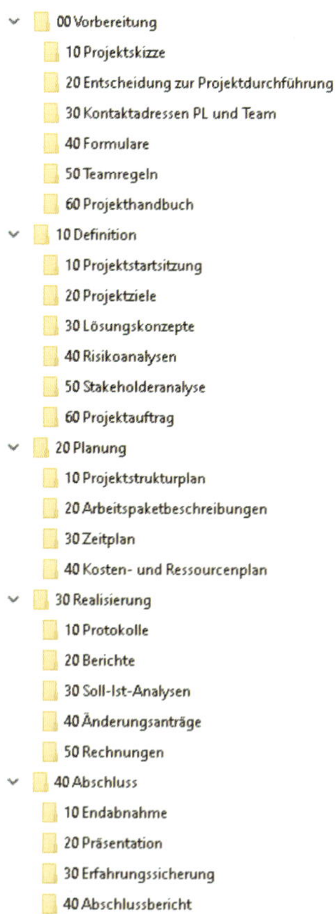

Abb. B_08: Strukturierte Dokumentenablage (Beispiel)

Vereinbaren von Regeln zur Informationsweitergabe

Schließlich sind Regeln zur Weitergabe von Informationen (z.B. von Berichten) zu vereinbaren. Diese sollen sicherstellen, dass die Projektleitung und auch die Teammitglieder einerseits relevante Informationen rechtzeitig erhalten und andererseits nicht mit irrelevanten Informationen überschüttet werden. Diese Regeln sollten in den Teamregelkatalog integriert werden (siehe unten).

6 Vereinbaren der Teamregeln

6.1 Was man dazu wissen sollte

Überall dort, wo Menschen zusammenwirken, sind Regeln erforderlich (Gesetze für Gesellschaften, Straßenverkehrsordnung im Straßenverkehr, Spielregeln bei Mannschaftssportarten und Gesellschaftsspielen usw.). Diese liefern einen verlässlichen Verhaltensrahmen und damit Orientierung für alle Beteiligten. Ebenso brauchen Projektteams verlässliche Teamregeln.

6.2 Was jetzt zu tun ist

Entwickeln der Teamregeln

Jedes Projektteam kann seine eigenen Teamregeln entwickeln und aushandeln. Um das Rad nicht neu zu erfinden, kann es dabei auf bewährte Regeln zurückgreifen und diese nach Bedarf anpassen.

Dokumentieren der Teamregeln

Die vereinbarten Teamregeln sollten in einem strukturierten Regelkatalog zusammengestellt und in der Dokumentenablage abgelegt werden. Beispiel:

Katalog: Teamregeln	
I Allgemeine Teamregeln	
§ 1	Wir halten vereinbarte Termine ein.
§ 2	Wir teilen der Projektleitung frühtestmöglich mit, wenn wir einen Termin nicht wahrnehmen können.
§ 3	Wir teilen dem Team frühestmöglich mit, wenn wir mit etwas nicht zufrieden sind.
§ 4	Wenn wir auf ein Problem hinweisen, liefern wir stets einen Lösungsvorschlag dazu.
§ 5	Kontakt zum Auftraggeber ist der Projektleitung vorbehalten.
II Regeln zur Durchführung von Besprechungen (Meetings)	
§ 6	Jeden Montag um 09:00 Uhr findet eine Projektstatusbesprechung von 90 Minuten statt. Die Teilnahme ist für das gesamte Projektteam verbindlich.
§ 7	Alle Teilnehmer/-innen erscheinen spätestens 5 Minuten vor dem offiziellen Besprechungstermin.
§ 8	Alle Teilnehmer/-innen führen relevante Dokumente und Schreibmaterialien mit sich.
§ 9	Mobiltelefone werden ausgeschaltet und liegen nicht auf dem Tisch.
§ 10	Jede Besprechung wird protokolliert, die Protokollführung ist zu Beginn der Sitzung zu klären und das Protokoll spätestens am Folgetag in die Dokumentenablage hochzuladen.

Katalog: Teamregeln	
III Regeln zur Informationsweitergabe	
§ 11	Holschuld: Grundsätzlich hat jeder alle Informationen selbstständig einzuholen.
§ 12	Bringschuld: Unerwartete Probleme aller Art sind der Projektleitung unverzüglich mitzuteilen.
§ 13	Für die Projektdokumentation sind grundsätzlich die vereinbarten Formulare zu verwenden.
§ 14	Alle Projektdokumente sind unverzüglich in der Dokumentenablage abzulegen.
§ 15	Wichtige Ergebnisse mündlicher Absprachen werden zeitnah in einer E-Mail zusammengefasst und an den Gesprächspartner versandt mit der Bitte, die Richtigkeit der Angaben zu bestätigen.

Abb. B_09: Katalog: Teamregeln (Beispiel)

II Definitionsphase

Sage mir, wie ein Projekt beginnt, und ich sage dir, wie es endet.
Jürgen Hansel/Gero Lomnitz[4]

Wussten Sie schon, dass Sie in dieser Phase die entscheidenden Weichen für Ihr Projekt stellen? Leider erleben wir immer wieder, dass übermotivierte Kolleginnen und Kollegen schon loslegen, bevor das Projekt überhaupt definiert ist, wir nennen das „blinden Aktionismus". Deshalb sollten Sie jetzt die Zügel in die Hand nehmen und das Team Schritt für Schritt durch die Projektdefinition führen. Sie wissen ja: In der Ruhe liegt die Kraft.

Man liest häufig, dass wichtige Schritte der Projektdefinition und -planung in einem Projekt-Start-Workshop gemeinsam mit dem Auftraggeber erarbeitet werden sollten. Wir halten das für sehr sportlich. Bei uns dauern Definition und Planung mehrere Wochen, viel davon läuft über Schriftverkehr.

4 *Hansel/Lomnitz: Projektleiter-Praxis, S. 28.*

1 Analysieren des Ausgangsproblems

1.1 Was man dazu wissen sollte

Jedes Projekt hat einen konkreten Anlass. Das kann ein spontaner Einfall (z. B. eine Geschäftsidee), ein Firmenjubiläum oder auch ein zu lösendes Problem sein, wie zum Beispiel:

- umständliche und langwierige Prozesse in der Verwaltung,
- Schließen einer Lücke im Produktprogramm oder
- Senkung des CO_2-Verbrauchs in der Produktion.

Liegt dem Projekt ein Problem zu Grunde, muss dieses sorgfältig analysiert werden, um im nächsten Schritt die Projektziele systematisch ableiten zu können (Abschnitt *II 2 Klären der Projektziele*). Denn wie soll man ein Problem lösen, das man nicht genau verstanden hat? Die nachfolgenden Schritte sollten immer dann durchgeführt werden, wenn dem Projekt ein zu lösendes Problem zugrunde liegt. Andernfalls kann sofort mit der Klärung der Projektziele begonnen werden.

1.2 Was jetzt zu tun ist

Beschreiben des Ausgangsproblems

Zunächst ist das Ausgangsproblem aus Sicht des Auftraggebers zu beschreiben. Die Leitfrage lautet: *„Warum soll das Projekt durchgeführt werden?“* Dabei sollte die Projektleitung auf eine klare Trennung von Problembeschreibung (= beobachtbare Symptome) und Ursachenanalyse (= Gründe für das Problem) achten, denn beide können leicht miteinander vermischt werden. Deshalb sind folgende Fragen zu beantworten:

- Wie lässt sich das Problem aus Sicht des Kunden bzw. der Anwender beschreiben?
- Handelt es sich nur um ein Problem oder um mehrere Probleme?
- Wann und wo tritt das Problem auf?

Analysieren der Problemursachen

Die Analyse der Problemursachen folgt der Problembeschreibung und kann formlos oder auch mithilfe folgender Instrumente erfolgen:

Mithilfe einer einfachen Mindmap können mögliche Problemursachen gesammelt und visualisiert werden (Abb. B_10).

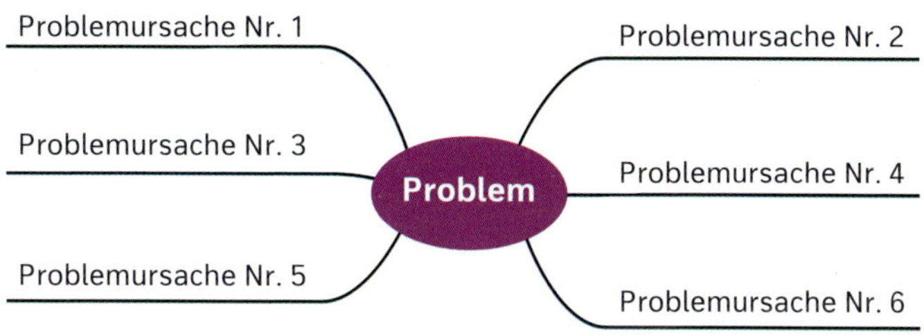

Abb. B_10: Mindmap: Problemanalyse

Das Ishikawa-Diagramm (Ursache-Wirkungs-Diagramm) stammt aus Japan und ordnet die Erfassung der Problemursachen nach Kategorien, welche frei festgelegt werden können (Abb. B_11).

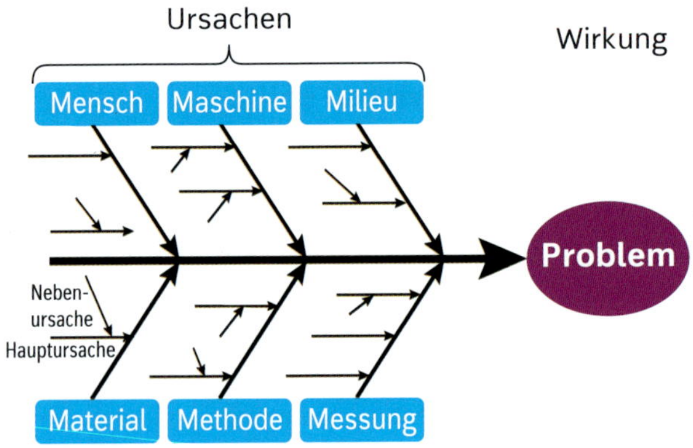

Abb. B_11: Ishikawa-Diagramm

Sofern mehrere Probleme zu erfassen sind, eignet sich eine tabellarische Struktur (Abb. B_12). Dabei kann eine Problemursache mehreren Problemen zugrunde liegen.

Problemanalyse		
Problem		Vermutete Problemursache
Nr.	Beschreibung	
1	Beschreibung Problem A	Ursache X
2	Beschreibung Problem B	Ursache Y
3	Beschreibung Problem C	Ursache Z
4	Beschreibung Problem D	Ursache Y
5	Beschreibung Problem E	Ursache Y
usw.	usw.	usw.

Abb. B_12: Tabellarische Problemanalyse

2 Klären der Projektziele

2.1 Was man dazu wissen sollte

Definition und Bedeutung

Der Duden definiert ein Ziel als „Punkt, Ort, bis zu dem jemand kommen will, den jemand erreichen will".[5] Ein Projektziel ist ein Ziel, das im Rahmen eines Projekts erreicht werden soll.

Beispiel: *Die Marketingabteilung der Beispiel GmbH plant, eine Werbekampagne als Projekt durchzuführen und formuliert das Projektziel, den nationalen Bekanntheitsgrad des Unternehmens bis zum 31. Mai 20.. um 10 % zu steigern.*

Projektziele können auch Zwischenziele zur Erreichung übergeordneter Ziele sein, welche aber nicht mit dem Projektziel verwechselt werden dürfen.

5 *DUDEN Online, www.duden.de/rechtschreibung/Ziel [27.12.2022].*

Beispiel: *Die Marketingabteilung der Beispiel GmbH plant neben der Werbekampagne weitere Projekte zur Erreichung des übergeordneten Ziels, den Unternehmensgewinn um 5 % zu steigern. Dieses übergeordnete Ziel ist durch die Werbekampagne allein nicht erreichbar.*

Merke: *Qualifizierte Projektziele sind eine wichtige Voraussetzung für den Projekterfolg.*

Projektzieldreieck

Grundsätzlich sind drei Dimensionen von Projektzielen zu unterscheiden:

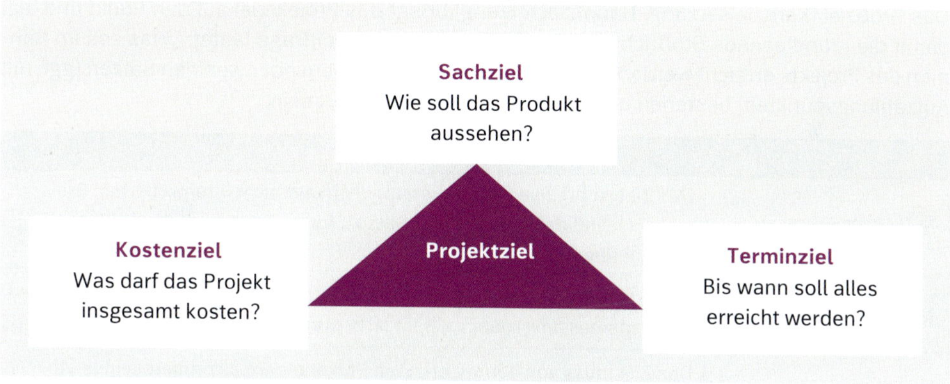

Abb. B_13: Zieldreieck: Magisches Dreieck des Projektmanagements

- Sachziele (auch Leistungs-, Ergebnis- oder Qualitätsziele) konkretisieren Art und Umfang der vom Auftragnehmer zu erbringenden Lieferungen und Leistungen.
- Terminziele (Zeitziele) sind Meilensteintermine und der Endtermin.
- Kostenziele sind anzustrebende Kosten, die weder über- noch unterschritten werden sollen.

Da sich diese drei Zieldimensionen naturgemäß in einem Konfliktverhältnis befinden, spricht man auch vom „magischen Zieldreieck". Wer ein besonders gutes Produkt abliefern will, braucht viel Zeit und verursacht hohe Kosten. Wer aber schnell fertig werden will, muss pfuschen und mehr Geld ausgeben. Und wer seine Kosten senken will, braucht mehr Zeit und muss Qualitätsmängel hinnehmen.

Projektzielfunktionen

Projektziele erfüllen wichtige Funktionen:

- **Orientierungsfunktion:** Projektziele beantworten die Frage, wo die Reise hingehen soll. Sie dienen allen Projektbeteiligten im gesamten Projektverlauf als Orientierung.
- **Bewertungsfunktion:** In Projekten müssen laufend Entscheidungen getroffen werden. Die Projektziele helfen bei der Bewertung und Priorisierung von Entscheidungsalternativen.
- **Motivationsfunktion:** Projektteams können sich ebenso wie Sportlerinnen und Sportler mithilfe konkreter Projektziele und entsprechender Zwischenziele motivieren.
- **Kontrollfunktion:** Mithilfe der Projektziele lässt sich der Projekterfolg überprüfen.

Muss- und Kannziele

Während Muss-Ziele zwingend erreicht werden müssen, gilt die Erreichung von Kann-Zielen als optional („nice to have"). Mit anderen Worten: Muss-Ziele sind Pflicht, Kann-Ziele sind Kür.

2.2 Was jetzt zu tun ist

Klären des Grobziels

Das Grobziel (Kernzielsetzung, Hauptzielsetzung) bringt das Projektziel auf den Punkt und legt damit die grundlegende Stoßrichtung des Projekts fest. Die Leitfrage lautet: „Was soll im Rahmen des Projekts erreicht werden?" Das Grobziel kann aus einem oder wenigen Sätzen (ggf. mit Aufzählungspunkten) bestehen und muss „SMART+" formuliert sein:

„SMART+"-Regel		
S	**Spezifisch**	Das Ziel ist präzise, unmissverständlich und nicht interpretierbar. Projektziele sind daher im ganzen Satz zu formulieren und schriftlich zu dokumentieren.
M	**Messbar**	Projektziele sind messbar zu formulieren. Die Messung kann direkt (z. B. Gewichtsmessung) oder indirekt (z. B. durch Befragungen) erfolgen.
A	**Akzeptiert**	Das Ziel muss von den wichtigsten Stakeholdern akzeptiert sein (s. *Abschnitt B II 5 Analysieren der Stakeholderinteressen*).
R	**Realistisch**	Das Ziel muss tatsächlich erreichbar sein (s. Abschnitt *B I 3 Prüfen von Machbarkeit und Wirtschaftlichkeit*).
T	**Terminiert**	Projektziele sind kalendarisch präzise festzulegen (z. B. 15. November 2026).
+	**Lösungsneutral**	Projektziele sind so lösungsneutral wie möglich zu formulieren, um dem Auftragnehmer keine Lösungswege zu verbauen.

Abb. B_14: „SMART+"-Regel

Beispiel IT-Installation

Die Fachzahnärztin Dr. Petra Huber und die Fachzahnärzte Dr. Heiner Hochwald und Dr. Frank Meissner planen die Einrichtung einer Gemeinschaftspraxis für Zahnmedizin. Für die IT-Ausstattung der Gemeinschaftspraxis wird folgendes Projektziel formuliert: „Installation einer modernen und leistungsstarken IT-Ausstattung mit Vernetzung aller Arbeitsplätze und Diagnoseeinrichtungen bis zum 23. Mai 20..".

Ausdifferenzieren von Detailanforderungen

In einem zweiten Schritt wird das Grobziel in sogenannte Detailanforderungen (Kundenanforderungen, Feinziele) ausdifferenziert. Dabei handelt es sich um Anforderungen, welche die Lieferungen und Leistungen (= Projektergebnis) erfüllen müssen. Diese sind ebenfalls SMART+ zu formulieren.

Beispiel IT-Installation

- Von allen Arbeitsplätzen einschließlich des Raums für die radiologische Diagnostik ist ein Zugriff auf die Patientendatenbank möglich.

- Von den Arbeitsplätzen der kaufmännischen Verwaltung und Abrechnung aus ist die Datenübertragung an externe Stellen möglich.
- Das Design aller für die Patientinnen und Patienten sichtbaren Geräte ist mit dem Designkonzept der zahnmedizinischen Gemeinschaftspraxis kompatibel.
- Die gesetzlichen Ergonomieanforderungen an Bildschirmarbeitsplätze werden erfüllt.
- Der Empfangsbereich mit zwei Arbeitsplätzen ist mit IT-Technik einschließlich dokumentenspezifischer Drucktechnik ausgestattet.
- ...

Bei der Formulierung der Kundenanforderungen sind Vollständigkeit und die Beachtung der „SMART+"-Regel von zentraler Bedeutung für den Projekterfolg und die Zufriedenheit des Auftraggebers. Nicht bedachte oder nicht SMART+ formulierte (z. B. mehrdeutige) Anforderungen können dazu führen, dass der Auftraggeber im späteren Projektverlauf auf Änderungen drängt, die mit erheblichen Kosten verbunden sind.

Beispiel IT-Installation

Da die Patienten und Patientinnen im Wartezimmer ihre persönlichen Daten mithilfe praxiseigener mobiler Endgeräte selbst eingeben sollen, müsste in beiden Wartezimmern eine WLAN-Netzwerkanbindung mit erhöhten Sicherheitsanforderungen eingerichtet sein. Diese Anforderungen wurden aber nicht bedacht. Die nachträgliche Anpassung des Netzwerks ist jedoch mit erheblichen Mehrkosten verbunden.

Auflisten der Lieferungen und Leistungen

In einem dritten Schritt werden die Hauptlieferungen und Hauptleistungen (kurz: Lieferungen und Leistungen), die der Auftragnehmer erbringen soll, aufgelistet.

Beispiel IT-Installation

- Beschaffung und Einrichtung der Hardware für alle Arbeitsplätze
- Beschaffung aller Netzwerkkomponenten
- Einrichtung des Netzwerks einschließlich der Verkabelungen und WLAN-Komponenten
- Installation der Arbeitsplätze mit der eingesetzten Office- und Branchensoftware im IT-Netzwerk einschließlich Betriebssystem und Peripherie
- ...

Hat der Auftraggeber die Projektziele formuliert, besteht die Aufgabe des Auftragnehmers darin, diese sorgfältig zu analysieren und gemeinsam mit dem Auftraggeber alle Unklarheiten zu beseitigen. Liegen hingegen noch keine Projektziele vor, so entwickelt der Auftragnehmer diese in Abstimmung mit dem Auftraggeber, welcher die endgültigen Projektziele am Ende schriftlich bestätigt.

In der Praxis werden häufig sogenannte „Machen-Sie-mal-Projekte" zwischen Tür und Angel mündlich in Auftrag gegeben. In solchen Projekten muss die Projektleitung dann regelmäßig erleben, dass der Auftraggeber mit dem Projektergebnis unzufrieden ist und hinterher behauptet, er habe etwas anderes verlangt. Hier sollte die Projektleitung in ihrem eigenen Interesse die Projektziele selbst schriftlich niederlegen und sich vom Auftraggeber schriftlich bestätigen lassen.

3 Entwickeln des Lösungskonzepts

3.1 Was man dazu wissen sollte

Bedeutung und Arten

Im vorangehenden Abschnitt haben wir gesehen, dass der Auftraggeber seine Projektziele lösungsneutral und damit technologieoffen formulieren muss. Denn nur dann kann das Projektteam alternative Lösungswege zur Erreichung der Projektziele entwickeln. Dabei handelt es sich um einen kreativen Prozess, an dessen Ende anschauliche Entwürfe vom Projektergebnis vorliegen. In der Softwareentwicklung spricht man auch von „Design". Der Auftraggeber kann dann aus den unterschiedlichen Entwürfen den besten auswählen. Abhängig von der Branche und der Art des Projekts lassen sich unterscheiden:

Branche/Projektart	Bezeichnung des Lösungskonzepts
Hoch-/Tiefbau	Bauzeichnungen: Grundrisse, Aufrisse, Querschnittzeichnungen
Anlagen-/Maschinenbau	Technische Zeichnungen: Ansichten, Querschnittzeichnungen
Elektrotechnik	Schaltpläne, Stromlaufpläne
Event	Raum- und Hallenpläne, Tagesprogramme (Veranstaltungskonzept)
Webdesign	Bildschirmdesign, Eingabemasken, Produktstruktur
Softwareentwicklung	Programmstruktur, Struktogramme, UML
Film	Exposé (Kurzbeschreibung von Hauptinhalten und Handlungsstrang)

Abb. B_15: Bezeichnung von Lösungskonzepten

Zeitpunkt der Erstellung

Im Idealfall wird das Lösungskonzept *vor* der Erteilung des Projektauftrags entworfen, weil

- der Auftraggeber eine konkrete Vorstellung vom Projektergebnis (Endprodukt) haben will, bevor er sich vertraglich festlegt. Denn wer würde schon 800.000,00 € für einen Neubau bezahlen, ohne zu wissen, wie dieser aussehen soll („die Katze im Sack kaufen")?
- der Auftragnehmer eine klare Vorstellung vom Projektergebnis benötigt, um Machbarkeit, Risiken, Dauer und Kosten abzuschätzen zu können.

In bestimmten Fällen kann die Entwicklung des Lösungskonzepts aber auch eine vertraglich vereinbarte Leistung sein, die im Projektverlauf zu erbringen ist.

3.2 Was jetzt zu tun ist

Recherchieren bestehender Lösungen

Nicht immer muss das Rad neu erfunden werden: Vielfach lassen sich bereits entwickelte Komponenten aus anderen Projekten übernehmen und in das eigene Projektergebnis integrieren. Deshalb recherchiert das Team zuerst einmal, ob entsprechende Lösungen oder Teillösungen schon existieren. Ist das der Fall, so ist Kontakt zu den Urhebern der Idee aufzunehmen (z. B. auf Messen, an Hochschulen oder im Internet) und die Möglichkeit einer legalen Verwertung (etwa durch Lizenzvergabe) zu prüfen.

Entwerfen alternativer Lösungskonzepte

Bei der Konzeptentwicklung sollte die Projektleitung auf folgende Grundsätze achten:

- **In verschiedene Richtungen denken:** Die Projektleitung sollte also darauf achten, dass das Team so unterschiedliche wie kreative Lösungskonzepte entwickelt. Nur so können dem Auftraggeber vielfältige und neuartige Wege zur Erreichung seiner Projektziele aufgezeigt werden. Zur Förderung der Kreativität dienen systematische Kreativitätstechniken (z. B. Brainstorming, morphologische Methode, 6-3-5-Methode), mit denen das Team ausgetretene Denkpfade überwinden kann. Ausgewählte Anleitungen finden Sie im Buch+Web.

Web

- **Vom Groben zum Feinen vorgehen:** Es wäre nicht sinnvoll, bereits jetzt die einzelnen Lösungskonzepte detailliert auszuarbeiten, denn zu diesem Zeitpunkt weiß das Team ja noch gar nicht, ob es den Projektauftrag überhaupt erhält – und wenn ja, welches Konzept der Auftraggeber bevorzugt. Aus diesem Grunde werden die Lösungskonzepte zu diesem Zeitpunkt nur grob entworfen. Der Auftraggeber muss sich das Endprodukt (Aufbau, Design und Funktionsprinzip wichtiger Komponenten) gut vorstellen können. Die Entwürfe sind verständlich zu beschriften bzw. zu erläutern.
- **Kundenanforderungen berücksichtigen:** Der beste Entwurf ist wertlos, wenn er die Kundenanforderungen nicht erfüllt. Die Projektleitung prüft deshalb Entwurf für Entwurf, ob dieser sämtliche Kundenanforderungen erfüllt („Check of compliance").

Beispiel IT-Installation

Eine Anforderung des Auftraggebers besteht darin, dass das IT-Konzept der Gemeinschaftspraxis bedarfsgerecht und zuverlässig betrieben werden kann. Ihr Unternehmen entwirft drei alternative Lösungskonzepte. Sie unterscheiden sich durch unterschiedlich hohe Anteile der internen und externen Systembetreuung und IT-Ressourcen.

Das **Lösungskonzept 1** sieht die vollständige interne Bereitstellung der IT-Ressourcen sowie die Systembetreuung durch Personal der Gemeinschaftspraxis vor. Die Daten werden auf dem praxiseigenen Server sowie auf einer externen Festplatte, die außerhalb der Praxisräume

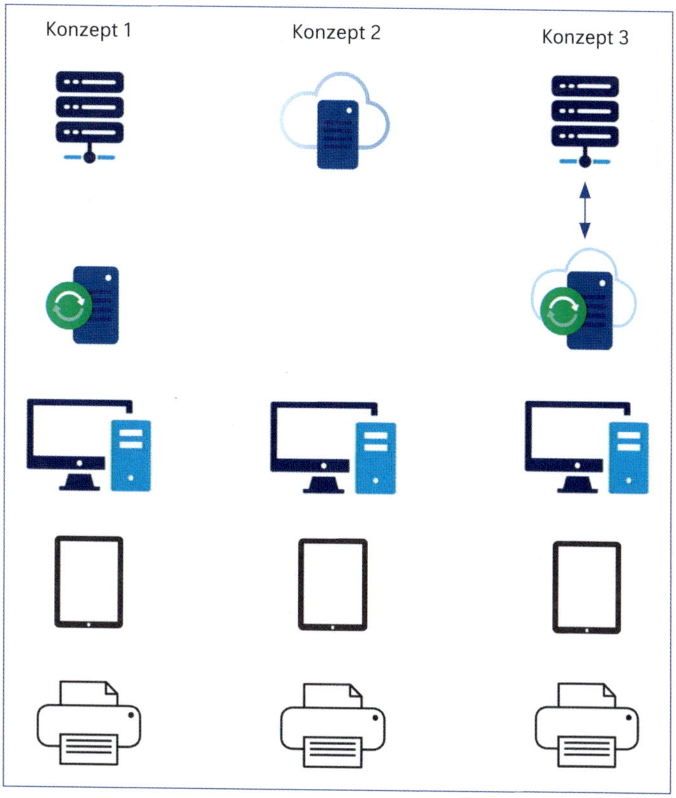

Abb. B_16: Alternative Lösungskonzepte zur Erfüllung einer Anforderung

aufbewahrt wird, gesichert. Beim **Lösungskonzept 2** wird ein Cloud-Computing genutzt. Ein externer Anbieter leistet den gesamten Systemservice einschließlich der regelmäßigen Datensicherung und Vorhaltung der erstellten Sicherungen. Im **Lösungskonzept 3** wird das IT-System grundsätzlich intern realisiert. Lediglich die Datensicherung wird durch einen externen Dienstleister (cloudbasiert) unterstützt.

Auswählen des optimalen Konzepts

Web

Liegen dann die unterschiedlichen Konzepte vor, kann der Auftraggeber das optimale Konzept auswählen. Doch welches Konzept ist optimal? Eine begründete und auch nachvollziehbare Auswahl eines Lösungskonzepts mithilfe nachvollziehbarer Entscheidungskriterien leistet die Nutzwertanalyse (Scoring-Modell, Punktwertverfahren).

Bei dieser Methode werden zunächst relevante Entscheidungskriterien festgelegt und diese dann gewichtet. Anschließend wird jedes Lösungskonzept Kriterium für Kriterium bewertet und dann die einzelnen Gewichtungen mit den Bewertungen multipliziert. Am Ende werden die gewichteten Bewertungen für jedes Konzept aufaddiert, die höchste Punktzahl gewinnt.

Beispiel IT-Installation

Nutzwertanalyse: Bewertung der Lösungskonzepte								
Nr.	Entscheidungskriterium	Gewichtung	*Gewichtung: 100 % = sehr wichtig; 0 % = unwichtig* *Bewertung: 10 = sehr gut; 1 = sehr schlecht*					
			Lösungskonzept 1		Lösungskonzept 2		Lösungskonzept 3	
			Bewertung (einfach)	Bewertung (gewichtet)	Bewertung (einfach)	Bewertung (gewichtet)	Bewertung (einfach)	Bewertung (gewichtet)
1	Anschaffungskosten	30 %	3	0,90	7	2,10	5	1,50
2	Wartungskosten	45 %	7	3,15	2	0,90	6	2,70
3	Innovationsintervall	5 %	4	0,20	8	0,40	6	0,30
4	Platzbedarf	20 %	2	0,40	6	1,20	3	0,60
	Summen:	**100 %**		**4,65**		**4,60**		**5,10**

Abb. B_17: Nutzwertanalyse

4 Analysieren der Projektrisiken

4.1 Was man dazu wissen sollte

Begriff und Bedeutung

Ein Risiko ist ein möglicher negativer Ausgang eines Vorhabens, der mit einem Schaden, einem Verlust oder anderen Nachteilen verbunden ist. Beispielsweise kann ein Risiko eines Immobilienprojekts darin bestehen, dass der Untergrund nachgibt und die Immobilie absackt. Und so ist jedes Projekt mit einer Vielzahl von Risiken verbunden, welche das Projektmanagement identifiziert, analysiert, bewertet und von denen es konkrete Maßnahmen ableitet. Die Summe dieser Schritte bezeichnet man auch als Risikomanagement.

Da Risikomanagerinnen und -manager von Natur aus vor Projektrisiken warnen, werden sie in vielen Organisationen als Bedenkenträger/-innen bzw. als Projektbremsen wahrgenommen. Tatsächlich aber liefern sie wichtige Informationen für das Management. So manches Projekt konnte nur deshalb erfolgreich abgeschlossen werden, weil die Projektrisiken professionell analysiert und gemanagt wurden.

Zeitpunkt

Risikoanalysen können bereits im Vorfeld von Projekten durchgeführt werden, nämlich dann, wenn es um die Frage der grundsätzlichen Machbarkeit eines Projekts geht (s. Abschnitt *B I 3 Prüfen von Machbarkeit und Wirtschaftlichkeit*). Aber auch, wenn die Machbarkeit gesichert ist, sollten Risikoanalysen durchgeführt werden. Das passiert vor allem in der Definitions- und in der Planungsphase, im Idealfall sogar über den gesamten Projektverlauf.

4.2 Was jetzt zu tun ist

Identifizieren der Projektrisiken

Zunächst werden relevante Arten von Projektrisiken erfasst. Die Leitfrage lautet: *„Was kann alles schieflaufen?“* Folgende Risikoarten sind zu unterscheiden:

Risikoarten					
Technische Risiken	**Planungsrisiken**	**Vertragliche Risiken**	**Kaufmännische Risiken**	**Personelle Risiken**	**Politik- und Umweltrisiken**
Überlastung von Maschinen	Nicht bedachte Abhängigkeiten	Mehrdeutige Formulierungen	Finanzierungsrisiken	Mangelnde Qualifikation	Regierungswechsel
Falsche Maße	Fehleinschätzungen	Unvollständige Auflistungen	Liquiditätsrisiken	Mangelnde Erfahrung	Wechselkurse
Unbekannte Technologien	Nicht bedachte Aufgaben	Unerwartete Klauseln	Kostenrisiken	Mangelnde Motivation	Geologische Bedingungen
Unbekannte Verfahren	Unterschätzte Lieferzeiten	Produkthaftung	Zahlungsausfälle	Mangelnde Verlässlichkeit	Klimatische Bedingungen

Abb. B_18: Risikoarten (Beispiele)

Für jede Art von Risiko wird eine eigene Checkliste erstellt, welche eine differenzierte Beschreibung der einzelnen Risiken erlaubt. An dieser Stelle betrachten wir exemplarisch die personellen Risiken:

Checkliste: Personelle Risiken

- Sind alle Mitarbeiter/-innen ausreichend qualifiziert?
- Verfügen alle Mitarbeiter/-innen über ausreichend Berufserfahrung?
- Sind alle Mitarbeiter/-innen ausreichend motiviert?
- Sind alle Mitarbeiter/-innen zuverlässig?
- Sind die Mitarbeiter/-innen plangemäß verfügbar (Krankheit, Kündigung, usw.)?
- Ist das Risiko von Teamkonflikten beherrschbar?
- usw.

Abb. B_19: Checkliste: Personelle Risiken

Analysieren und Bewerten der Risiken

Auf Grundlage der Checklisten wird eine Risikobewertung vorgenommen, das bedeutet: Für jedes Risiko werden die Eintrittswahrscheinlichkeit und das Schadensausmaß geschätzt. Die Bewertung der einzelnen Projektrisiken ergibt sich als multiplikatives Produkt aus Eintrittswahrscheinlichkeit und Schadensausmaß:

Risikobewertung = Eintrittswahrscheinlichkeit · Schadensausmaß

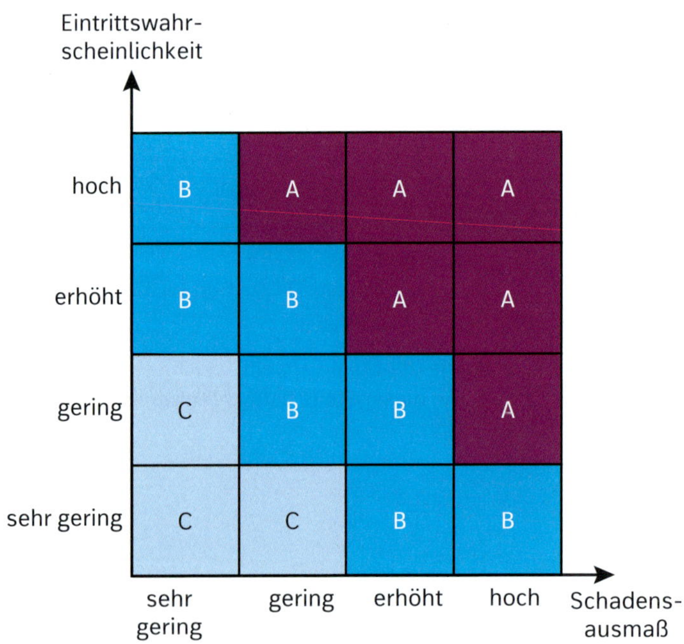

Abb. B_20: Risikobewertung

Ableiten von Maßnahmen

Auf Grundlage der Risikobewertung lassen sich für die einzelnen Projektrisiken konkrete Maßnahmen ableiten, die in unterschiedliche Strategien (Risikostrategien) eingeteilt werden:

- Risikovermeidung: Ein riskantes Projekt wird nicht durchgeführt.
- Risikoverminderung: Die Eintrittswahrscheinlichkeit eines Risikos wird gesenkt.
- Risikobegrenzung: Das Schadensausmaß eines Risikos wird begrenzt.
- Risikoabwälzung: Das Risiko wird auf einen Zulieferer oder eine Versicherung abgewälzt.
- Risikoakzeptanz: Das Risiko wird billigend in Kauf genommen.

Erstellen einer tabellarischen Übersicht

Die einzelnen Schritte der Risikoanalyse bzw. des Risikomanagements können mithilfe einer Tabelle übersichtlich dargestellt werden. Da die Eintrittswahrscheinlichkeit und das Schadensausmaß multiplikativ verknüpft werden, ist der Einsatz einer Tabellenkalkulationssoftware sinnvoll:

Web

Beispiel IT-Installation

Risikoanalyse						
Nr.	**Risiko**	**Risikoursache**	**Schadensausmaß (€)**	**Eintrittswahrscheinlichkeit (%)**	**Risikobewertung (€)**	**Maßnahme**
1	Feuer in Serverumgebung	vorgesehene Kühlung nicht ausreichend	15.000	30	120.000	Löschfunktion integrieren
2	Speicherplatz nicht ausreichend	Speicherbedarf unterschätzt	100.000	10	10.000	Speicherbedarfsprüfung durchführen und Speicherkapazität anpassen
3	Datenübertragung im WLAN zu langsam	Wände behindern die Datenübertragung	600.000	20	120.000	Gebäudeausleuchtung vornehmen und Übertragungsleistung verstärken

Abb. B_21: Tabellarische Risikoanalyse (Auszug)

5 Analysieren der Stakeholderinteressen

5.1 Was man dazu wissen sollte

Begriff und Bedeutung

Stakeholder sind Personen oder Personengruppen, die vom Verlauf und/oder dem Ergebnis eines Projekts direkt oder indirekt betroffen sind und diesem gegenüber ein bestimmtes Interesse verfolgen. Gewöhnlich gibt es rund um ein Projekt eine Vielzahl von Stakeholdern.

Beispiel: *Ein Automobilzulieferer beauftragt ein IT-Unternehmen mit der Entwicklung einer ERP-Software. Mithilfe der Stakeholderanalyse ermittelt das IT-Unternehmen folgende Stakeholder:*

- ***IT-Unternehmen:*** *Projektleitung, Projektteam, Controllingabteilung, Geschäftsführung usw.*
- ***Automobilzulieferer:*** *Geschäftsführung, Anwender, IT-Abteilung, Personalabteilung usw.*
- ***Sonstige:*** *Kunden, Lieferanten, Banken, Wettbewerber, Sachbearbeiter, Führungskräfte usw.*

Im ungünstigsten Fall kann das Interesse von Stakeholdern darin bestehen, ein Projekt zu stoppen, wie es etwa bei den Bürgerprotesten gegen das Bahnprojekt „Stuttgart 21" der Fall war. Ebenso können Stakeholder aber auch Befürworter eines Projektes sein. Deshalb besteht ein wichtiges Ziel der Stakeholderanalyse darin, wichtige Stakeholder zu identifizieren, ihre Einstellung gegenüber dem Projekt zu analysieren und entsprechende Maßnahmen zu ergreifen (z. B. Überzeugungsarbeit leisten). Ein anderes wichtiges Ziel der Stakeholderanalyse ist die vollständige Erfassung von Kundenanforderungen, denn aufseiten des Kunden sind gewöhnlich viele Stakeholder zu bedenken (Geschäftsführung, Anwender und Anwenderinnen, Betriebsrat usw.).

Das Instrument der Stakeholderanalyse hat an Bedeutung gewonnen, seit man erkannt hat, dass Interessengruppen einen großen Einfluss auf den Projekterfolg haben. Die Analyse der Interessen und die systematische Ableitung konkreter Maßnahmen bezeichnet man als Stakeholdermanagement.

Zeitpunkt

Stakeholderanalysen können bereits im Vorfeld von Projekten durchgeführt werden, nämlich dann, wenn es um die Frage der grundsätzlichen Machbarkeit eines Projekts geht (s. Abschnitt *B I 3 Prüfen von Machbarkeit und Wirtschaftlichkeit*). Aber auch, wenn die Machbarkeit gesichert ist, sollten Stakeholderanalysen durchgeführt werden. Das passiert vor allem in der Definitions- und in der Planungsphase, im Idealfall sogar im gesamten Projektverlauf.

5.2 Was jetzt zu tun ist

Identifizieren der Stakeholder

Zunächst sind relevante Interessengruppen zu identifizieren. Die einfache Leitfrage lautet: *„Wer will hier was?"* Von besonderer Bedeutung sind solche Stakeholder, die das Projekt behindern oder sogar stoppen könnten. Typische Stakeholder von Unternehmen sind:

Stakeholder			
beim Auftragnehmer	**beim Auftraggeber**	**im wirtschaftlichen Umfeld**	**in Politik und Gesellschaft**
Eigentümer	Eigentümer	Lieferanten	Anwohner/-innen
Unternehmensleitung	Unternehmensleitung	Banken	Behörden
Projektleitung	beauftragende Abteilung	Versicherungen	Parteien
Abteilungsleitung	Anwender/-innen	Strategische Partner	Umweltschützer/-innen
Betriebsrat	Betriebsrat	Wettbewerber	Bürgerinitiativen

Abb. B_22: Stakeholder

Analysieren und Einordnen der Stakeholder

In einem zweiten Schritt werden die Stakeholder hinsichtlich folgender Aspekte analysiert:

- **Interesse:** Welche Hoffnungen, Wünsche, Erwartungen, Bedenken oder Befürchtungen haben sie in Bezug auf den Projektverlauf und/oder auf das Projektergebnis?

- **Einstellung:** Handelt es sich um Befürworter oder Gegner des Projekts? Sind sie insgesamt eher positiv, negativ oder neutral gegenüber dem Projekt eingestellt?
- **Betroffenheit:** In welchem Ausmaß sind sie vom Projekt oder Projektergebnis betroffen? Je mehr sie betroffen sind, desto engagierter bzw. entschlossener werden sie auftreten.
- **Einfluss/Macht:** Wie einflussreich sind sie? Über welche Macht verfügen sie? Haben sie mächtige Verbündete? Können sie das Projekt maßgeblich unterstützen oder gefährden?

Hinsichtlich ihrer Einstellung zum Projekt können die einzelnen Stakeholdergruppen (A, B, C usw.) in einem Portfolio positioniert werden, um ihre Bedeutung zu verdeutlichen:

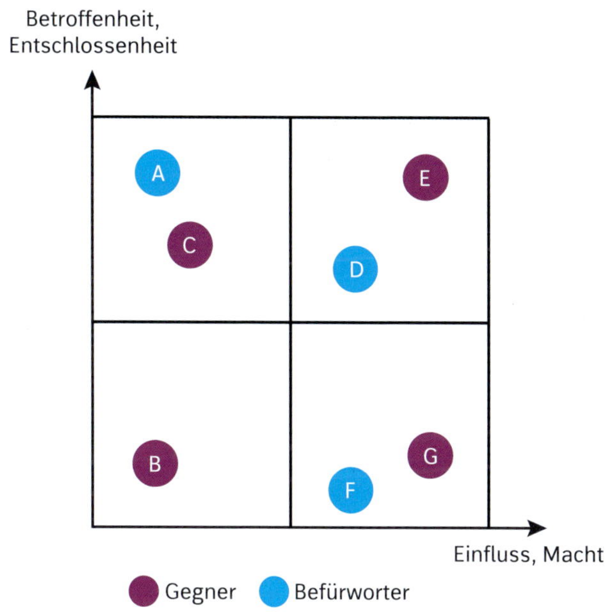

Abb. B_23: Stakeholder-Portfolio

Ableiten von Maßnahmen

Aus der Analyse können konkrete Maßnahmen abgeleitet werden, um die Stakeholder für das Projekt zu gewinnen bzw. zufriedenzustellen. Typische Maßnahmen zum Umgang mit Gegnern des Projekts sind:

- **Überzeugungsarbeit** etwa in Form von Diskussionsrunden (Round-Table-Gespräche), Mediation, Einschaltung von Schlichtern
- **Einbindung** der Stakeholder in Entscheidungsprozesse wie die Formulierung der Projektziele, die Entwicklung eines Lösungskonzepts oder die Projektplanung
- **Informationsmaßnahmen:** Ggf. regelmäßige Information über das Projekt in Form von Newslettern, Rundschreiben, Internetseiten, Beiträgen in sozialen Netzwerken

Erstellen einer tabellarischen Übersicht

Ähnlich wie bei der Risikoanalyse können auch die Schritte der Stakeholderanalyse bzw. des Stakeholdermanagements mithilfe einer Tabelle übersichtlich dargestellt werden. Web

Beispiel Neubau IT-Installation

Stakeholderanalyse						
Stakeholder	**Interesse**	**Ein-stellung**	**Betrof-fenheit**	**Ein-fluss**	**Prio-rität**	**Maßnahmen**
Geschäftsführung des Auftraggebers	hohe Betriebs-sicherheit	+	hoch	hoch	hoch	Geschäftsführung aktiv einbinden
Personal des Auftraggebers	Sicherheit im Umgang mit den IT-Lösungen	-	hoch	mittel	mittel	Personal einbeziehen
Controlling des Auftraggebers	kostenminimale Lösungen	-	mittel	gering	gering	keine

Abb. B_24: Tabellarische Stakeholderanalyse (Auszug)

6 Vorbereiten und Abschließen des Projektvertrags

6.1 Was man dazu wissen sollte

Bedeutung

Der Projektvertrag verpflichtet den Auftraggeber und den Auftragnehmer zur Erbringung bestimmter Leistungen. Der Auftragnehmer verpflichtet sich, die vereinbarten Lieferungen und Leistungen termingerecht zu erbringen. Der Auftraggeber verpflichtet sich, bei externen Projekten einen entsprechenden Preis zu bezahlen und bei internen Projekten ein bestimmtes Budget und/oder bestimmte Ressourcen bereitzustellen. Projektverträge sollten im Interesse beider Parteien stets schriftlich aufgesetzt werden.

Juristische Einordnung

Bei **externen** Projekten wird ein zivilrechtlicher Vertrag zwischen zwei Vertragsparteien gemäß BGB abgeschlossen. Dieser kommt grundsätzlich durch zwei übereinstimmende Willenserklärungen zustande, welche in der juristischen Fachsprache als Antrag und Annahme bezeichnet werden. Dabei gilt grundsätzlich das Prinzip der Formfreiheit, die Verträge sind also frei gestaltbar. Gewöhnlich richtet der Auftraggeber eine rechtlich unverbindliche Projektanfrage an ein bestimmtes Unternehmen oder schreibt das Projekt öffentlich aus. Interessierte Bieter erstellen dann ein Projektangebot, welches juristisch betrachtet dem Antrag entspricht. Die Annahme könnte aus juristischer Sicht durch ein mündliches „Ja" erfolgen, üblich ist aber die Schriftform. Projektverträge sind in der Regel Werkverträge. Das bedeutet, der Auftragnehmer schuldet dem Auftraggeber ein konkretes Werk („Erfolg"). Beispiel: Eine Reederei beauftragt eine Werft mit der Planung und dem Bau eines Passagierschiffes.

Da bei **internen** Projekten kein zivilrechtlicher Vertrag abgeschlossen wird, spricht man hier von einem Projektauftrag. Dabei handelt es sich um eine dienstliche Anweisung, der im Rahmen bestehender Arbeitsverträge Folge zu leisten ist. Zu diesem Zweck wird gewöhnlich auf ein entsprechendes Projektauftragsformular zurückgegriffen. Beispiel: Die Unternehmensleitung eines Spieleherstellers beauftragt die Entwicklungsabteilung mit der Entwicklung eines neuen Computerspiels.

Zeitpunkt

Bei externen Projekten wird üblicherweise in einer mehrwöchigen Angebotsphase ein Projektangebot ausgearbeitet. Dazu werden bereits alle Schritte der Definition und auch schon der Projektplanung grob durchlaufen, da das Projektangebot Angaben zu Terminen und zum Preis enthalten muss. Bei internen Projekten und auch bei Projekten an Schulen und Hochschulen wird oftmals schon zu Beginn des Projekts ein Projektauftrag (siehe Folgeabschnitt) erteilt.

6.2 Was jetzt zu tun ist

Variante 1: Ausarbeiten eines Projektangebots

Bei externen Projekten erstellt das Team bzw. Angebotsteam des Auftragnehmers ein aussagefähiges und ansprechendes Projektangebot, welches die Ergebnisse der Definitionsphase und auch der Planungsphase (im Sinne einer Grobplanung) berücksichtigt. Es kann folgendermaßen aufgebaut werden:[6]

- **Deckblatt:** Name des Projekts, Anschrift des Auftraggebers
- **Inhaltsverzeichnis:** Gliederung mit Seitenzahlen
- **Einleitung:** Hinführung, Einordnung, Beschreibung des Ausgangsproblems (s. Kapitel *B II 1*)
- **Projektziele:** Grobzielsetzung, Detailanforderungen, Lieferungen und Leistungen, Termine (s. Kapitel *B II 2*)
- **Lösungskonzept:** Beschriftete Entwürfe des ausgewählten Konzepts (s. Kapitel *B II 3*)
- **Projektplanung:** Alle Teilpläne der Projektplanung zur Realisierung des ausgewählten Konzepts (s. Kapitel *B III*)
- **Randbedingungen:** Bedingungen, welche die Projektarbeiten einschränken
- **Mitwirkungsleistungen:** Unterstützungsleistungen des Auftraggebers in der Realisierungsphase (z. B. Bestimmen eines Ansprechpartners, Gewähren des Zutritts zu Räumlichkeiten, Bereitstellen von Informationen oder Sachressourcen)
- **Preis und Konditionen:** Preis: Projektkosten zuzüglich Gewinnzuschlag (s. Kapitel *B III*); Konditionen: Schweigepflicht, Liefer- und Zahlungsbedingungen, Projektsprache usw.
- **Anhang:** Abhängig vom Projekt (z. B. Risiko- und Stakeholderanalysen, nicht ausgewählte Lösungskonzepte mit zugehöriger Nutzwertanalyse usw. gemäß Kapitel *B II 3 bis 5*).

Das fertige Projektangebot wird mit einem separaten Begleitschreiben (Muster im Buch+Web) an den zukünftigen Auftraggeber versendet. Digitale Projektangebote werden in Form einer einzigen PDF-Datei übermittelt, Zusatzdateien sind zu vermeiden. Gewöhnlich folgen dann noch weitere Vertragsverhandlungen mit dem Auftraggeber. Nach abschließender Einigung wird ein wenige Seiten umfassendes Vertragsdokument auf Grundlage des Projektangebots aufgesetzt und von beiden Vertragsparteien unterzeichnet. Damit ist der Projektvertrag geschlossen. Web

Variante 2: Ausfüllen eines Projektauftragsformulars

Auch hier ergeben sich die Inhalte aus den vorangehenden Schritten der Definitionsphase und ggf. auch schon einer Grobplanung. Das Formular kann individuell gestaltet und um Anlagen erweitert werden: Web

6 *Dieser Aufbau eignet sich ebenso für* **Fördermittelanträge**

Projektauftrag	
Projektname:	IT-Installation
Projektleitung:	Herr Walter
Projektanlass:	Eröffnung einer zahnmedizinischen Gemeinschaftspraxis
Projektziel:	Installation einer modernen und leistungsstarken IT-Ausstattung mit Vernetzung aller Arbeitsplätze und Diagnoseeinrichtungen bis zum 23.05.20..
Detailanforderungen:	▪ Von allen Arbeitsplätzen einschließlich des Raums für die radiologische Diagnostik ist ein Zugriff auf die Patientendatenbank möglich. ▪ Von den Arbeitsplätzen der kaufmännischen Verwaltung und Abrechnung aus ist die Datenübertragung an externe Stellen möglich. ▪ Das Design aller für die Patientinnen und Patienten sichtbaren Geräte ist mit dem Designkonzept der zahnmedizinischen Gemeinschaftspraxis kompatibel. ▪ Die gesetzlichen Ergonomieanforderungen an Bildschirmarbeitsplätze werden erfüllt. ▪ Der Empfangsbereich mit zwei Arbeitsplätzen ist mit IT-Technik einschließlich dokumentenspezifischer Drucktechnik ausgestattet.
Lieferungen und Leistungen:	▪ Beschaffung und Einrichtung der Hardware für alle Arbeitsplätze ▪ Beschaffung aller Netzwerkkomponenten ▪ Einrichtung des Netzwerks einschließlich der Verkabelungen und WLAN-Komponenten ▪ Installation der Arbeitsplätze mit der eingesetzten Office- und Branchensoftware im IT-Netzwerk einschließlich Betriebssystem und Peripherie
Projektbudget:	▪ 50.000 €
Randbedingungen:	▪ Die Verantwortung für die Entwicklung und Umsetzung eines Datenschutzkonzepts liegt beim Auftraggeber. ▪ Die Nutzung von Testdaten erfolgt absolut vertraulich. ▪ ...
Mitwirkungsleistungen:	▪ Bereitstellung der Gebäudepläne der auszustattenden Gemeinschaftspraxis ▪ Genehmigung zur unmittelbaren Kommunikation mit dem Netzbetreiber ▪ Jederzeitige Einbeziehung des verantwortlichen Ansprechpartners der Gemeinschaftspraxis
Termine und Meilensteine:	▪ Abnahme Gesamtkonzept: 5. Mai. 20.. ▪ Abnahme Test Gesamtsystem: 23. Mai. 20..
Unterschriften:	Auftraggeber: Dr. Heiner Hochwald Auftragnehmer: Frank Walter (Projektleiter IT-Consult)
Anlagen:	(...)

Abb. B_25: Projektauftrag

- **Name des Projekts:** Plakativer, aussagefähiger Projektname
- **Projektleitung:** siehe Kapitel *B I 2*
- **Projektanlass:** siehe Kapitel *B II 1*
- **Projektziele:** siehe Kapitel *B II 2*
- **Detailanforderungen (Kundenanforderungen):** siehe Kapitel *B II 2*. Die Anforderungen können sich auf das Gesamtprojekt und auch auf einzelne Lieferungen bzw. Leistungen beziehen. Umfangreiche Auflistungen werden in einen Anhang ausgelagert.
- **Lieferungen und Leistungen (Projektergebnis):** siehe Kapitel *B II 2*. Umfangreiche Auflistungen werden in einen Anhang ausgelagert.
- **Projektbudget:** Dieses wird vorgegeben oder im Rahmen einer groben Projektplanung ermittelt (s. Kapitel *B III*).
- **Randbedingungen:** Bedingungen, welche die Projektarbeiten einschränken
- **Mitwirkungsleistungen:** Unterstützungsleistungen des Auftraggebers in der Realisierungsphase (z. B. Bestimmen eines Ansprechpartners oder einer Ansprechpartnerin, Gewähren des Zutritts zu Räumlichkeiten, Bereitstellen von Informationen oder Sachressourcen).
- **Termine und Meilensteine:** Diese werden vorgegeben oder im Rahmen einer groben Projektplanung ermittelt (s. Kapitel *B III*).
- **Unterschriften:** Mit der Unterzeichnung des Projektauftrags durch Auftraggeber und Auftragnehmer gilt der Projektauftrag als offiziell erteilt.
- **Anlagen:** Abhängig vom Projekt (z. B. Risiko- und Stakeholderanalysen, nicht ausgewählte Lösungskonzepte mit zugehöriger Nutzwertanalyse usw. gemäß Kapitel *B II 3 bis 5*).

Erstellen eines Lasten- und eines Pflichtenheftes

Gemäß DIN 69901 sind für den Projektauftrag ein Lasten- und ein Pflichtenheft zu erstellen, die sich ganz allgemein wie folgt beschreiben lassen:

- Im **Lastenheft** legt der Auftraggeber fest, welche Lieferungen und Leistungen er fordert und welche Anforderungen diese erfüllen müssen. *Leitfrage: WAS ist zu erarbeiten und WOFÜR?*
- Im **Pflichtenheft** erarbeitet der Auftragnehmer die Realisierungsvorgaben auf Basis des Lastenheftes. *Leitfrage: WIE und WOMIT sollen die Forderungen verwirklicht werden?*

Im Idealfall werden das Lasten- und das Pflichtenheft zunächst grob erstellt und dann schrittweise („iterativ") immer weiter verfeinert und am Ende dem Projektauftrag bzw. Projektvertrag beigelegt.

Unglücklicherweise werden diese beiden Begriffe in der betrieblichen Praxis uneinheitlich verwendet. Viele Unternehmen arbeiten mit abweichenden Begriffen, wie z. B. „Spezifikation", „Leistungsverzeichnis", „Leistungsbeschreibung" usw. Andere Betriebe sprechen nur vom Pflichtenheft und Dritte verwenden die Begriffe sogar entgegengesetzt zur obigen Definition. Darüber hinaus gibt es unterschiedliche Meinungen über Inhalt und Aufbau beider Dokumente.

Tipp: Sofern ein Lasten- und ein Pflichtenheft zu erstellen sind, bestehen Sie auf präzise Definitionen sowie auf eine präzise Vorgabe von Aufbau und Inhalt beider Dokumente.

III Planungsphase

Erst planen, dann bauen.
Klaus Grewe (Gesamt-Projektkoordinator der Olympiade in London 2012)[7]

Wussten Sie schon, dass in Japan rund die Hälfte des gesamten Projektzeitraums nur geplant wird? Tatsächlich bleibt die Projektplanung selten auf die Planungsphase beschränkt. Denn oft muss sie mit der Projektdefinition verzahnt werden. Und auch in der Realisierungsphase wird weiter geplant. Eine alte Projektmanagerweisheit besagt: „Geplant wird bis zum Schluss.“

Die Projektplanung muss „aus einem Guss“ sein, das heißt: Jeder Teilplan wird aus dem vorherigen hergeleitet. Die Pläne bauen also aufeinander auf und sind aufeinander abgestimmt. Die Teilpläne können daher nicht unabhängig voneinander erstellt werden.

1 Identifizieren der Arbeitspakete

1.1 Was man dazu wissen sollte

Bedeutung

Auf Grundlage des Projektauftrags kann nun die Planung beginnen. Da Projekte von Natur aus komplexe Vorhaben sind, muss eine Vielzahl von Tätigkeiten geplant werden. Um bei der Projektplanung vor lauter Einzelaktivitäten nicht die Übersicht zu verlieren, fasst man zusammengehörige Aktivitäten zu handhabbaren Portionen, sogenannten Arbeitspaketen zusammen. Diese kann man als gut steuerbare „Miniprojekte“ innerhalb des Gesamtprojekts betrachten.

Beispiel: *Bei der Planung eines Events werden die Aktivitäten „Zutaten einkaufen“, „Speisen anfertigen“, „Geschirr und Besteck organisieren“, „Servicekräfte anwerben“, „Servicekräfte einweisen“, „Mobiliar bereitstellen“, „Deko beschaffen“, „Deko anbringen“, „Getränke einkaufen“ usw. zu einem Arbeitspaket „Catering“ zusammengefasst.*

Personelle Zuordnung

Arbeitspakete werden stets von nur einer Person geleitet. Dabei kann eine Person gleichzeitig für mehrere Arbeitspakete verantwortlich sein (*Frau Müller leitet die Arbeitspakete „Catering“ und „Musik“*). Ein Arbeitspaket kann von einer Person oder auch von einem Team bearbeitet werden. Ein und dieselbe Person kann in einem oder auch in mehreren Arbeitspaketen mitarbeiten.

7 *Klaus Grewe im Interview mit Dr. Georg Angermeier, www.projektmagazin.de/artikel/oeffentliche-grossbauprojekte-erst-planen-dann-bauen_1102700 [27.12.2022].*

1.2 Was jetzt zu tun ist

Erfassen aller Aktivitäten

Zunächst werden alle Aktivitäten aufgelistet, die zur Realisierung des Projekts erforderlich sind. Das kann formlos oder auch in Form einer Liste oder Mindmap erfolgen. Die Leitfrage lautet: *„Was ist alles zu tun?"* Folgende Fragen soll diesen Schritt unterstützen:

Checkfragen: Aktivitäten auflisten

- Welche Aufgaben fallen an, um die Projektziele zu erreichen?
- Welche Dokumente (z. B. Vernetzungspläne, Programmcodes) müssen wir erstellen?
- Welche Leistungen erbringen wir selbst und welche Leistungen beziehen wir fremd?
- Welche Maßnahmen aus der Risiko- und der Stakeholderanalyse müssen wir bedenken?
- Welche Qualifizierungsmaßnahmen sind erforderlich?
- Welche Tests sind erforderlich und welche Aufgaben sind damit verbunden?
- Wie dokumentieren wir den Projektablauf (z. B. Fotos für den Abschlussbericht)?

Abb. B_26: Checkliste: Aktivitäten auflisten

Schnüren der Arbeitspakete

Sind alle Aktivitäten erfasst, so können zusammengehörige Aktivitäten gebündelt und zu Arbeitspakten zusammengefasst werden. Die große Kunst besteht darin, die Arbeitspakete zweckmäßig zuzuschneiden und voneinander abzugrenzen. Für jedes Arbeitspaket ist die Frage zu beantworten: *„Was nehmen wir mit rein und was nicht?"* Das Ziel dieses Schrittes ist, gut überschaubare und steuerbare Planungseinheiten einzurichten, welche dann delegiert werden können.

In technischen Projekten im Allgemeinen und in Softwareentwicklungsprojekten im Besonderen spielen Tests eine große Rolle. Diese können als eigenständige Arbeitspakete geplant werden (siehe Arbeitspaket „Gesamtsystem testen" im nachfolgenden Beispielprojekt „IT-Installation"). Alternativ können die mit den Tests verbundenen Tätigkeiten (z. B. Erstellen eines Testplans, Vorbereiten und Durchführen des Tests, Auswerten und Dokumentieren des Tests) in andere Arbeitspakete integriert werden.

Beispiel IT-Installation

- Infrastrukturbedarf ermitteln
- Arbeitsplatzbedarf ermitteln
- Gesamtkonzept entwickeln
- Gesamtsystem testen
- Gesamtdokumentation erstellen
- Hardware PC + Server beschaffen
- Software beschaffen

- Hardware PC + Server aufbauen
- PC-Image anlegen
- PC-Remote installieren
- Netzwerkplan entwerfen
- Netzwerkzubehör beschaffen
- Server installieren
- Netzwerk aufbauen
- Netzwerkplan dokumentieren
- Server-Image anlegen
- Peripheriebedarf ermitteln
- Peripherie beschaffen
- Peripherie anschließen

Regelkatalog: Arbeitspakete (AP) schnüren	
§ 1	Es sind so wenig AP wie möglich und so viele wie nötig einzurichten.
§ 2	Für jedes AP ist nur eine verantwortliche Person zu benennen.
§ 3	Jedes AP ist in sich abgeschlossen und gegenüber anderen AP klar abgrenzbar.
§ 4	Jedes AP ist steuerbar, beherrschbar und kontrollierbar.
§ 5	Jedes AP schließt mit einem klar definierten Ergebnis ab.
§ 6	Jede Tätigkeit ist eindeutig einem AP zuzuordnen (= keine Überschneidung von AP).
§ 7	Jedes AP ist aussagefähig, unmissverständlich und eindeutig zu benennen.
§ 8	Für jede extern vergebene Aufgabe (Unterauftrag) ist ein AP einzurichten.
§ 9	Jedes AP ist einer Kostenstelle eindeutig zuzuordnen.

Abb. B_27: Regelkatalog: Arbeitspakete schnüren

2 Entwickeln des Projektstrukturplans

2.1 Was man dazu wissen sollte

Begriff

Auf Grundlage der Arbeitspakte kann nun der Projektstrukturplan (PSP) entwickelt werden. Der Projektstrukturplan ist eine vollständige und hierarchisch geordnete Übersicht über alle Arbeitspakete des Projekts und beantwortet die Frage: *„Was ist in unserem Projekt zu tun?“* Er gibt aber keine Auskunft darüber, *wann* etwas zu tun ist. Der Projektstrukturplan ist nicht zu verwechseln mit dem Produktstrukturplan, welcher das Gesamtprodukt in seine Teilkomponenten aufgliedert.

Der Projektstrukturplan wird in der Regel in Form eines Baumdiagramms dargestellt. Dabei wird das Gesamtprojekt in sogenannte Teilaufgaben (Teilprojekte) untergliedert. Diese können bei größeren Projekten weiter aufgegliedert werden. Unterhalb der Teilaufgaben liegen dann die Arbeitspakete, welche nicht weiter aufgegliedert werden dürfen, sie sind also das kleinste Element im Projektstrukturplan.

Web

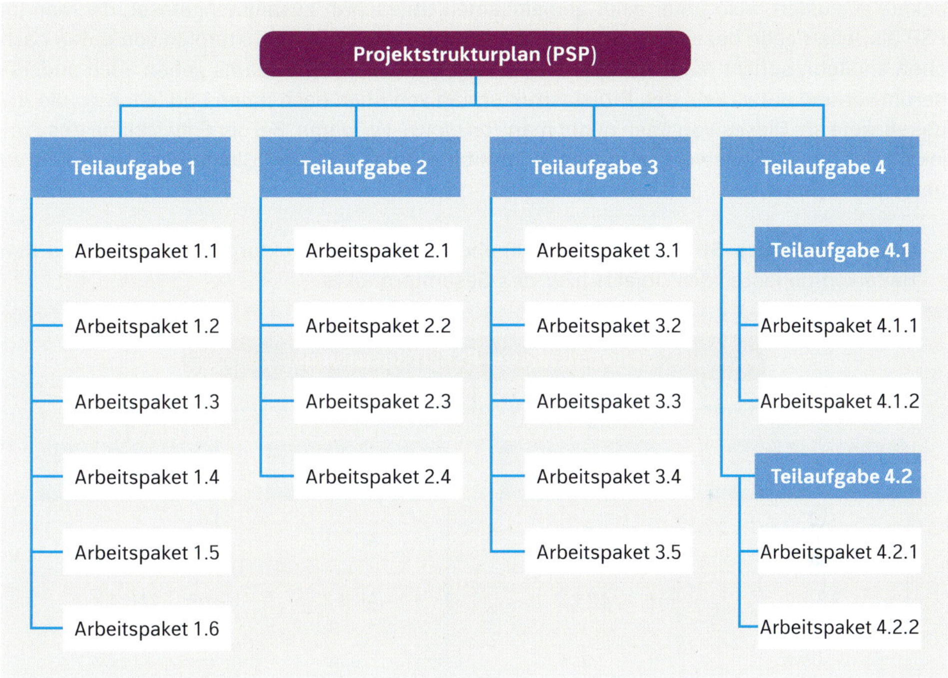

Abb. B_28: Projektstrukturplan (allgemeine Darstellung)

Funktionen

Der Projektstrukturplan wird als „Mutter aller Pläne“ (auch „Plan der Pläne“) bezeichnet, denn er hat besonders wichtige Funktionen:

- **Orientierung:** Geordnete Übersicht über alle Arbeitspakete für alle Projektbeteiligten
- **Kontrolle:** Überprüfung, ob alle Tätigkeiten bedacht wurden
- **Kommunikation:** Grundlage der Verständigung im Projektteam (einheitliches Verständnis)
- **Planungsgrundlage:** Grundlage für die Zeit-, die Ressourcen- und die Kostenplanung

Berücksichtigung des Projektmanagements

In der Praxis werden auch die Aufgaben des Projektmanagements im Projektstrukturplan erfasst, denn auch diese müssen ja eingeplant und abgerechnet werden. Aus Gründen der Vereinfachung bleibt das Projektmanagement in den nachfolgenden Projektstrukturplänen unberücksichtigt.

2.2 Was jetzt zu tun ist

Entwickeln der Projektstruktur

Die im vorangehenden Schritt gesammelten Arbeitspakete werden nun in eine geordnete Übersicht gebracht (strukturiert). Zu diesem Zweck werden thematisch zusammengehörige Arbeitspakete geclustert, also unter einer gemeinsamen Überschrift zusammengefasst, die man im PSP als Teilaufgabe bezeichnet. Weil auf diese Weise der Projektstrukturplan von unten nach oben entsteht, spricht man vom *Bottom-up-Verfahren*. Erfahrene Teams gehen auch andersherum vor und entwickeln den Projektstrukturplan von oben nach unten und leiten so die Arbeitspakete ab. Dieses Vorgehen nennt man *Top-down-Verfahren*. Bei der Entwicklung des Projektstrukturplans sind zwei grundlegende Strukturierungsprinzipien (Gliederungsprinzipien) zu unterscheiden:

- **Objektorientierte Struktur:** Die Teilaufgaben des Projektstrukturplans entsprechen den Hauptkomponenten des Objekts bzw. des Gesamtprodukts.

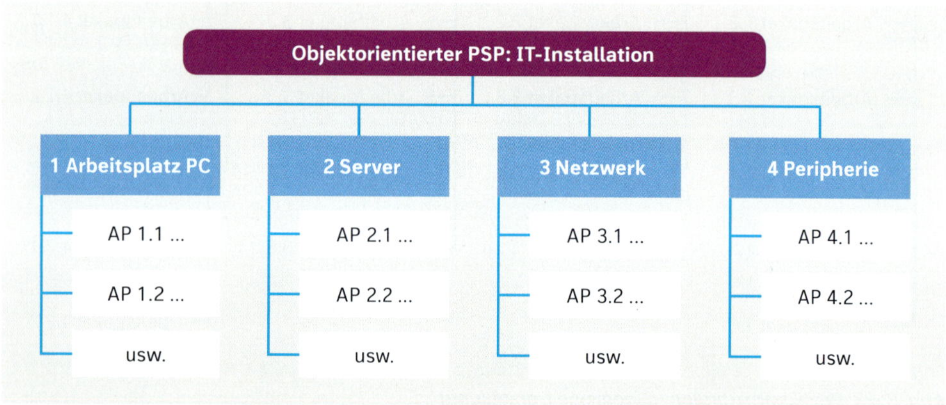

Abb. B_29: Objektorientierter Projektstrukturplan

- **Funktionsorientierte Struktur:** Die Teilaufgaben des Projektstrukturplans entsprechen den betrieblichen Funktionen (Abteilungen), die am Projekt beteiligt sind.

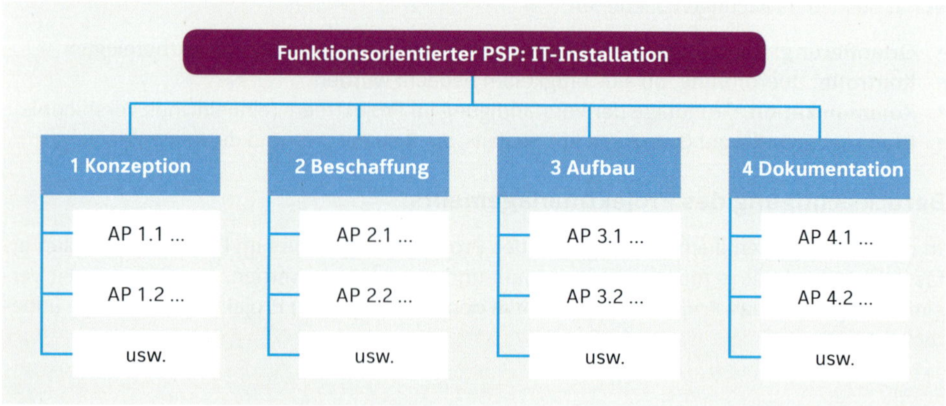

Abb. B_30: Funktionsorientierter Projektstrukturplan

In der Praxis kommen beide Strukturprinzipien in dieser Reinform selten vor, sie werden meistens miteinander kombiniert. Man spricht dann von einem kombinierten oder auch einem gemischtorientierten Projektstrukturplan. In unserem durchlaufenden Beispiel „IT-Installation" wurde ein kombinierter bzw. gemischtorientierter Projektstrukturplan entwickelt (Abb. B_31).

Beispiel IT-Installation

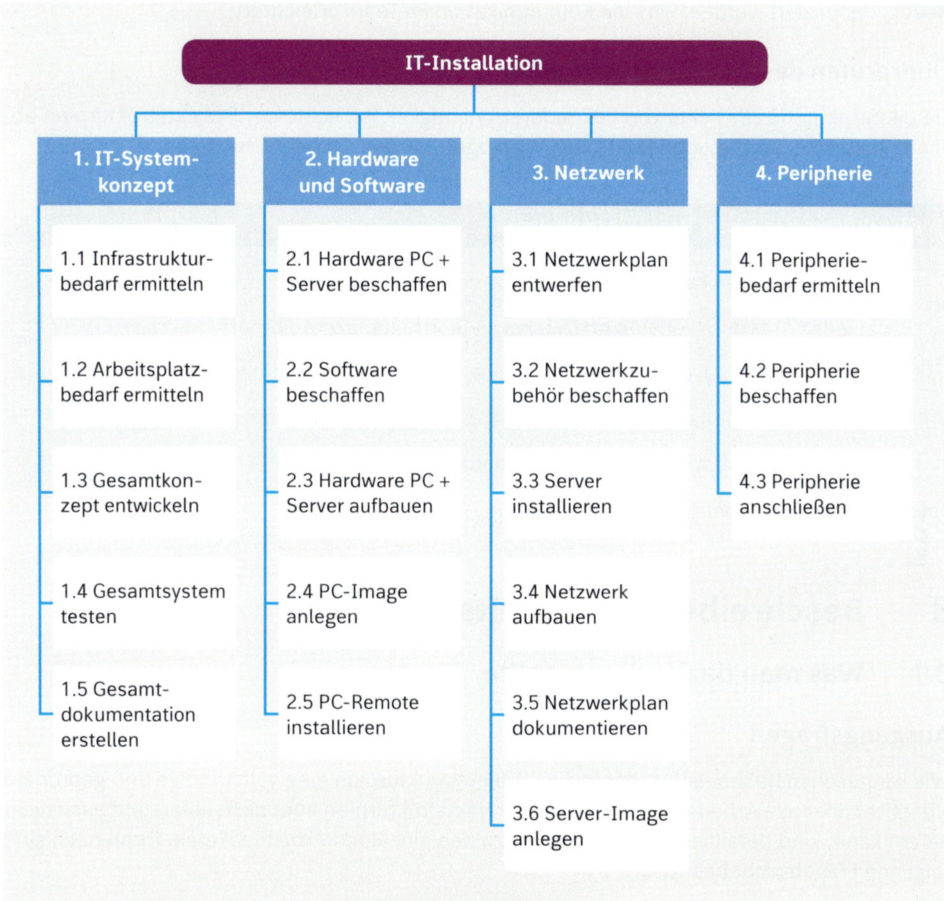

Abb. B_31: Kombinierter (gemischtorientierter) Projektstrukturplan

Merke:
- *Die unterschiedlichen Strukturierungsprinzipien führen zwar zu unterschiedlichen Projektstrukturplänen, die zu erledigende Arbeit ist aber identisch.*
- *Unabhängig vom Strukturierungsprinzip ist das kleinste Element des Projektstrukturplans immer das Arbeitspaket und damit eine Tätigkeit.*
- *Der Projektstrukturplan gibt keine Auskunft darüber, wann etwas zu erledigen ist. Diese Frage wird erst im Zeitplan (Termin- und Ablaufplan) beantwortet.*

Da die Arbeitspakete und der Projektstrukturplan in wechselseitiger Beziehung miteinander stehen und sich damit gegenseitig bedingen, sollten sie gemeinsam entwickelt werden.

Codieren der Arbeitspakete

Jedes Arbeitspaket im Projektstrukturplan erhält eine Arbeitspaketnummer, welche sich logisch aus der Projektstruktur ableitet (1.1, 1.2, 1.3 usw.). Dadurch kann jedes Arbeitspaket eindeutig identifiziert werden, was die Kommunikation im Team erleichtert.

Überprüfen des Projektstrukturplans

Da die Struktur des Projekts von besonderer Wichtigkeit ist, sollte der Projektstrukturplan abschließend einer sorgfältigen Kontrolle unterzogen werden. Dabei helfen folgende Fragen:

Checkliste: Kontrolle Projektstrukturplan

- Wird mit erfolgreicher Erledigung aller Arbeitspakete der Projektauftrag erfüllt?
- Hat jedes Arbeitspaket eine logisch korrekte Arbeitspaketnummer?
- Sind alle Arbeitspakete der richtigen Teilaufgabe zugeordnet (logische Struktur)?
- Ist die Struktur ausgewogen (ähnliche Anzahl an Arbeitspaketen je Teilaufgabe)?
- Wurde kein Arbeitspaket weiter untergliedert?

Abb. B_32: Checkliste: Kontrolle Projektstrukturplan

3 Beschreiben der Arbeitspakete

3.1 Was man dazu wissen sollte

Ausgangsfragen

Wie wir gesehen haben, liefert der fertige Projektstrukturplan eine vollständige und geordnete Übersicht über alle Arbeitspakete. Was der Projektstrukturplan aber nicht liefert und auch nicht liefern kann, sind detaillierte Informationen zu den einzelnen Arbeitspaketen. Denn noch sind folgende Fragen nicht beantwortet:

- Wer ist für die einzelnen Arbeitspakete verantwortlich?
- Was genau ist in den einzelnen Arbeitspaketen zu erledigen – und was nicht?
- Welche Ergebnisse sollen nach Fertigstellung der einzelnen Arbeitspakete wo vorliegen?
- Welche personellen und sachlichen Ressourcen werden in den einzelnen Arbeitspaketen benötigt?

Werden diese Fragen nicht eindeutig beantwortet, gerät das Projekt in große Gefahr. Aus diesem Grunde wird jedes Arbeitspaket mithilfe eines speziellen Formulars, der sogenannten Arbeitspaketbeschreibung, detailliert beschrieben.

Sinn von Arbeitspaketbeschreibungen

Die Arbeitspaketbeschreibung ist ein wichtiges Planungs- und Steuerungsinstrument. In vielen Projekten wird es aus Gründen der Bequemlichkeit nicht verwendet, denn wer füllt schon gerne Formulare aus? Doch wer einmal ein Projekt geleitet hat und die zahllosen Unklarheiten und Ärgernisse aus dem Projektalltag kennt, wird großen Gefallen an diesem Instrument finden, denn es leistet viel:

- **Klärung der Verantwortlichkeit:** Die Arbeitspaketleitung wird im Formularkopf namentlich benannt und bestätigt die Verantwortlichkeit durch handschriftliche Unterzeichnung.
- **Klarheit für das Team:** Alle Mitglieder eines Arbeitspaketteams werden frühzeitig darüber informiert, was sie leisten und abliefern müssen. Das erlaubt jedem Teammitglied, seine Arbeit zu planen und sich seine Zeit einzuteilen, das Projekt wird damit plan- und steuerbar.
- **Grundlage für alle Folgepläne:** Die Arbeitspaketbeschreibungen liefern wichtige Informationen für alle Folgepläne (Zeit-, Ressourcen- und Kostenplan).
- **Orientierung für das Projektcontrolling:** Das Projektcontrolling hat die Aufgabe, den Projektfortschritt zu überwachen. Die Arbeitspaketbeschreibungen dienen dabei als Bezugsgrundlage („Soll“).

Und so ergeben Projektstrukturplan und Arbeitspaketbeschreibungen gemeinsam ein rundes Ganzes: Der Projektstrukturplan liefert den Überblick, aber keine Details, und die Arbeitspaketbeschreibungen liefern Details, aber keinen Überblick. Ein ähnliches Prinzip wendet man übrigens in Personalabteilungen an: Dort liefert man mit dem Stellenplan eine Übersicht über alle Stellen im Betrieb und mit den Stellenbeschreibungen detaillierte Informationen zu jeder Stelle.

3.2 Was jetzt zu tun ist

Beschreiben der Arbeitspakete

Auf Grundlage des Projektstrukturplans können die Arbeitspakete nun beschrieben werden. Zu diesem Zweck wird das Formular „Arbeitspaketbeschreibung“ (Abb. B_33, siehe Buch+Web) verwendet. Dabei können sich Projektstruktur und Zuschnitt der Arbeitspakete noch ändern, denn erst jetzt werden alle Details deutlich. Aufgrund der wechselseitigen Zusammenhänge von Projektstrukturplan und Arbeitspaketbeschreibungen sollten beide gemeinsam erstellt werden.

Web

Beispiel IT-Installation

Arbeitspaketbeschreibung	
Projekt: IT-Installation	**AP-Nr.:** 1.1
AP-Bezeichnung: Infrastrukturbedarf ermitteln	**AP-Leitung:** Herr Seidel
AP-Ergebnis (oder: Was genau soll bei diesem AP herauskommen?) ▪ Alle qualitativen und quantitativen Anforderungen an die Infrastruktur der IT-Ausstattung in den neuen Räumen der Gemeinschaftspraxis wurden ermittelt. ▪ Alle Anforderungen sind in einer strukturierten Übersicht dokumentiert. ▪ Alle weiteren Beschaffungs- und Installationsschritte auf Basis der Anforderungsübersicht wurden veranlasst.	
AP-Aktivitäten (oder: Was genau muss in diesem AP erledigt werden?) ▪ Dokumentation der vorliegenden Infrastruktur ▪ Ermittlung und Dokumentation des zukünftigen Infrastrukturbedarfs ▪ Ermittlung des Anpassungsbedarfs an die zukünftigen Anforderungen ▪ Dokumentation des Anpassungsbedarfs der Infrastruktur an die zukünftigen Anforderungen in einer strukturierten Übersicht	
AP-Voraussetzungen (oder: Was genau benötigen wir zur Bearbeitung dieses AP?) ▪ Gebäudeplan mit vorliegender Infrastruktur ▪ Gebäudeplan mit zukünftigen Arbeitsplätzen und Infrastrukturanforderungen ▪ Informationen zur aktuellen und zukünftigen externen Netzanbindung	
Unterschrift AP-Leitung:	**Unterschrift Projektleitung:**
Unterschrift Projektleitung bei Ergebnisabnahme:	

Abb. B_33: Arbeitspaketbeschreibung (Beispiel)

Es hat sich bewährt, das Ausfüllen der Arbeitspaketbeschreibungen auf die entsprechenden Arbeitspaketverantwortlichen zu übertragen. Das hat einerseits den Vorteil, dass die Erstellung auf mehrere Schultern verteilt wird. Andererseits wissen die Arbeitspaketleitungen selbst am besten, was in ihren Arbeitspaketen zu tun ist und welche Ressourcen sie dafür benötigen. Außerdem haben sie ein großes Interesse an einer vollständigen Auflistung, um entsprechende Ressourcen einfordern zu können.

Kontrollieren der Arbeitspaketbeschreibungen

Anschließend überprüft die Projektleitung alle ausgefüllten Arbeitspaketbeschreibungen im Gesamtzusammenhang auf Konsistenz (z. B. keine Überschneidungen), auf inhaltliche Stimmigkeit und auf Vollständigkeit. Dabei kann deutlich werden, dass einzelne Arbeitspakete und ggf. auch der Projektstrukturplan noch einmal überarbeitet werden müssen.

Beschreiben der Meilensteinergebnisse

Die Meilensteinergebnisse werden ebenso wie die Arbeitspakte im Zuge der Projektplanung beschrieben. Hier geht es darum, Missverständnissen zwischen Auftraggeber und Auftragnehmer vorzubeugen. Dabei hilft das Formular „Meilensteinbeschreibung“, welches ähnlich aufgebaut ist wie die Arbeitspaketbeschreibung (s. Buch+Web).

Web

4 Erstellen des Zeitplans

4.1 Was man dazu wissen sollte

Projektstrukturplan als Grundlage

Der Zeitplan (Ablauf- und Terminplan) wird aus dem Projektstrukturplan abgeleitet, beide müssen aus einem Guss sein. Der Zeitplan legt fest, wann genau was passiert, also wann was bearbeitet und wann was fertiggestellt wird. Doch während die Planungseinheit des Projektstrukturplans das Arbeitspaket ist, ist die Planungseinheit des Zeitplans der sogenannte „Vorgang“. Dabei kann ein Arbeitspaket

- einem Vorgang entsprechen (1:1-Beziehung),
- in mehrere Vorgänge zerlegt werden, die zeitlich auseinanderfallen (1:n-Beziehung),
- gemeinsam mit anderen Arbeitspaketen nur einem Vorgang entsprechen (m:1-Beziehung).

Die 1:1-Beziehung und auch die 1:n-Beziehung kommen in der Praxis oft vor, die m:1-Beziehung (z. B. grobe Zeitplanung zu Beginn eines Großprojekts) ist eher selten. Aus Gründen der Vereinfachung werden im Folgenden nur 1:1-Beziehungen betrachtet.

Balkenplan und Netzplan

Ein und derselbe Zeitplan kann sowohl als Balken- oder auch als Netzplan dargestellt werden:

- Der Balkenplan (Gantt-Diagramm) stellt die zeitliche Abfolge der einzelnen Vorgänge als Balken entlang einer kalendarischen Zeitachse horizontal dar. Er ist auch für Nichtfachleute leicht nachzuvollziehen und daher bei den meisten Projekten im Einsatz.
- Der Netzplan liefert den Planungsverantwortlichen mehr Informationen als der Balkenplan (frühest- und spätestmögliche Anfangs- und Endzeitpunkte, zeitliche Puffer und den kritischen Weg, siehe unten). Da er nicht so leicht zu verstehen ist, findet er in der Praxis deutlich seltener Anwendung als der Balkenplan. Typische Einsatzgebiete für den Netzplan sind größere Immobilienprojekte sowie Projekte im Maschinen- und Anlagenbau.

4.2 Was jetzt zu tun ist

Erstellen der Vorgangsliste

In einem ersten Schritt wird eine Vorgangsliste erstellt, welche die Datenbasis sowohl für den Balkenplan als auch für den Netzplan darstellt. Sie ist in jeder klassischen Projektplanungssoftware enthalten und erfasst die Dauer und die logischen Abhängigkeiten der einzelnen Vorgänge untereinander (s. Abb. B_34).

Beispiel IT-Installation

Vorgangsliste			
Vorgangsnummer	**Vorgangsname**	**Dauer (Tage)**	**Vorgänger**
1	Infrastrukturbedarf ermitteln	1	-
2	Arbeitsplatzbedarf ermitteln	2	1
3	Netzwerkplan entwerfen	1	1
4	Peripheriebedarf ermitteln	1	3
5	Gesamtkonzept entwickeln	2	2; 4
6	Abnahme Gesamtkonzept	0	5

Abb. B_34: Vorgangsliste (Beispiel)

- Die **Vorgangsnummer** ist die laufende Nummerierung aller Vorgänge des Zeitplans. Sie läuft ab 1 ganzzahlig durch und darf nicht mit der Nummer des Arbeitspaketes aus dem Projektstrukturplan verwechselt werden.
- Der **Vorgangsname** ist im Falle einer 1:1-Beziehung (Normalfall) identisch mit dem Arbeitspaketnamen aus dem Projektstrukturplan. Das Arbeitspaket wird ohne Unterbrechung abgearbeitet.
- Die **Dauer** des Vorgangs wird gewöhnlich in Tagen angegeben, andere Einheiten (Stunden, Wochen, Monate usw.) sind aber auch möglich. Da Projekte stets einmalige Vorhaben sind, muss die Dauer der Vorgänge grundsätzlich geschätzt werden. Die Dauer 0 drückt aus, dass es sich um einen Meilenstein handelt.
- **Vorgänger** sind solche Vorgänge, die erledigt sein müssen, damit ein Vorgang bearbeitet werden kann. Sie ergeben sich durch logische Abhängigkeiten unter den einzelnen Vorgängen. Beispielsweise setzt in unserem Beispiel der Vorgang *Peripheriebedarf ermitteln* den Vorgänger *Netzwerkplan entwerfen* voraus.

Erstellen des Balkenplans

Web

Auf Grundlage der Vorgangsliste kann nun der Balkenplan erstellt werden, welcher eine kalendarische Zuordnung der einzelnen Vorgänge erlaubt. Gewöhnlich wird dieser Plan mithilfe einer Planungssoftware erstellt, er kann aber auch mit einer einfachen Tabellenkalkulationssoftware (z. B. MS-Excel) abgebildet werden (s. Abb. B_35).

Beispiel IT-Installation

Vorgangsliste

Nr.	Vorgangsname	Dauer (Tage)	Vorgänger
1	Infrastrukturbedarf ermitteln	1	–
2	Arbeitsplatzbedarf ermitteln	2	1
3	Netzwerkplan entwerfen	1	1
4	Peripheriebedarf ermitteln	1	3
5	Gesamtkonzept entwickeln	2	2; 4
6	Abnahme Gesamtkonzept	0	5
7	Hardware PC + Server beschaffen	4	6
8	Software beschaffen	2	7
9	Netzwerkzubehör beschaffen	2	7
10	Peripherie beschaffen	1	6
11	Hardware PC + Server aufbauen	6	6
12	Server installieren	3	11
13	Netzwerk aufbauen	5	9
14	PC-Image anlegen	1	8; 12; 13
15	Peripherie anschließen	1	10; 12; 13
16	Netzwerkplan dokumentieren	2	15
17	Server-Image anlegen	1	12
18	PC-Remote installieren	1	14
19	Gesamtsystem testen	2	16; 17; 18
20	Abnahme Test Gesamtsystem	0	19
21	Gesamtdokumentation erstellen	3	20

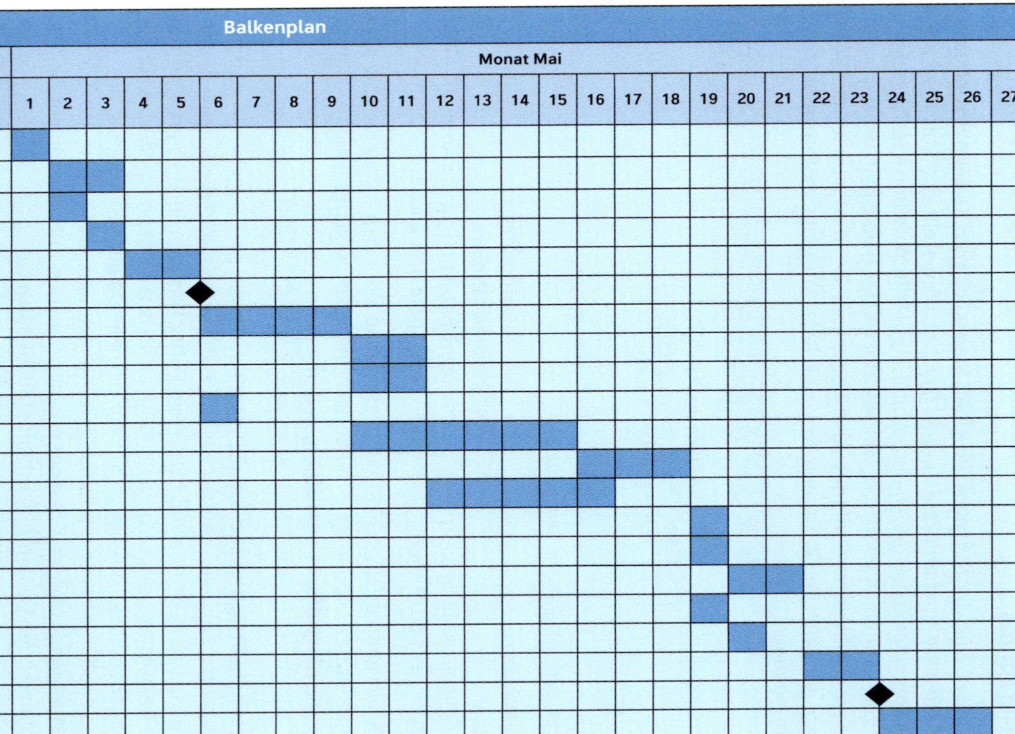

Abb. B_35: Zeitplan (Ablauf- und Terminplan) als Balkenplan

Hinweis: Aus Gründen der Vereinfachung und der besseren Darstellbarkeit wird bei diesem Projekt an den Wochenenden durchgearbeitet.

Erstellen des Netzplans

In der Planungssoftware ist der Netzplan nur einen Mausklick vom Balkenplan entfernt, denn beide greifen auf dieselbe Vorgangsliste zurück. Der Netzplan stellt alle Vorgänge als sogenannte Vorgangsknoten dar, dabei geben die Verbindungspfeile zwischen den Vorgangsknoten die logischen Abhängigkeiten an (s. Abb. B_38). Anders als der Balkenplan weist der Netzplan die frühest- und spätestmöglichen Anfangs- und Endzeitpunkte, die Zeitreserven (Puffer) der einzelnen Vorgänge und auch den kritischen Weg aus. Jeder Vorgangsknoten im Netzplan enthält folgende Informationen:

<table>
<tr><td colspan="3">Nr.</td><td colspan="3">D</td></tr>
<tr><td colspan="6">Vorgangsname</td></tr>
<tr><td colspan="2">FAZ</td><td colspan="2">GP</td><td colspan="2">FEZ</td></tr>
<tr><td colspan="2">SAZ</td><td colspan="2">FP</td><td colspan="2">SEZ</td></tr>
</table>

Abb. B_36: Vorgangsknoten (allgemeine Darstellung)

- Nr.: Vorgangsnummer
- D: Vorgangsdauer
- FAZ: Frühestmöglicher Anfangszeitpunkt
- FEZ: Frühestmöglicher Endzeitpunkt
- GP: Gesamtpuffer
- FP: Freier Puffer
- SAZ: Spätestmöglicher Anfangszeitpunkt
- SEZ: Spätestmöglicher Endzeitpunkt

Der **Gesamtpuffer** ist gemäß DIN 69900 die „Zeitspanne zwischen frühester und spätester Lage eines Ereignisses bzw. Vorgangs".[8] Teilen sich mehrere Vorgänge einen Gesamtpuffer, verringert sich der Gesamtpuffer in dem Maße, in dem er von anderen Vorgängen in Anspruch genommen wird.

Der **freie Puffer** ist gemäß DIN 69900 die „Zeitspanne, um die ein Ereignis bzw. Vorgang gegenüber seiner frühesten Lage verschoben werden kann, ohne die früheste Lage anderer Ereignisse bzw. Vorgänge zu beeinflussen".[9] Der freie Puffer kann maximal so groß sein wie der Gesamtpuffer. Ein freier Puffer eines Vorgangs kann sich also nur dann ergeben, wenn die Verschiebung des Vorgangs keine Auswirkungen auf den nachfolgenden Vorgang hat. Der freie Puffer gibt auch an, wie lange bei einem termingerechten Verlauf des Projekts gewartet werden muss, bis der nachfolgende Vorgang beginnen kann. Der freie Puffer verringert sich in dem Maße, in dem Vorgänger den Gesamtpuffer beansprucht haben.

Der **kritische Weg** ist gemäß DIN 69900 der „Weg in einem Netzplan, der für die Gesamtdauer des Projekts (bzw. des Netzplans) maßgebend ist".[10] Er ist die Kette aller Vorgänge, die keine Puffer aufweisen. Sie werden als „kritische Vorgänge" bezeichnet. Eine Verzögerung auf dem kritischen Weg führt zu einer entsprechenden Verschiebung des Endtermins und damit zu einer Gefährdung des Projekterfolgs. Aus diesem Grunde muss die Projektleitung den kritischen Weg stets im Blick behalten. Zur leichteren Lesbarkeit wird der kritische Weg in den meisten Netzplänen rot (hier im Buch in violett) dargestellt.

Der Netzplan kann auch manuell erstellt werden (z. B. mithilfe einer Tabellenkalkulationssoftware). Dazu sind folgende Schritte abzuarbeiten und nachfolgende Netzplan-Regeln zu beachten:

---

8 Deutsches Institut für Normung (Hrsg.): DIN 69900 Projektmanagement - Netzplantechnik; Beschreibungen und Begriffe, Berlin: Beuth 2009, Seite 8

9 ebd., Seite 6

10 ebd., Seite 8

- **Schritt 1: Strukturanalyse:** Alle Vorgänge und ihre logischen Abhängigkeiten werden grafisch abgebildet (Vorgangsknoten und Pfeile).
- **Schritt 2: Vorwärtsrechnung:** Bei gegebenem Projektanfangstermin (Tag 0) werden aufgrund der geplanten Dauer der einzelnen Vorgänge die frühestmöglichen Anfangs- und Endtermine ermittelt und eingetragen. Damit wird zugleich die gesamte Projektdauer ermittelt.
- **Schritt 3: Rückwärtsrechnung:** Ausgehend vom letzten Vorgang wird ermittelt, wann die einzelnen Vorgänge spätestens begonnen und fertiggestellt werden müssen, damit der in der Vorwärtsrechnung ermittelte Endtermin des Projekts nicht gefährdet wird.
- **Schritt 4: Ermitteln von Puffern und kritischem Weg:** Im letzten Schritt werden alle Puffer (Gesamtpuffer und freie Puffer) sowie der kritische Weg ermittelt.

Regeln zur Netzplanerstellung		
Schritt	**Regel Nr.**	**Regel**
1 Strukturanalyse	1	Abhängigkeiten werden durch Pfeile dargestellt. Pfeilrichtung: von links nach rechts und ggf. von oben (unten) nach unten (oben).
	2	Ein Vorgang kann mehrere Vorgänger und/oder mehrere Nachfolger haben.
	3	Ein Netzplan darf keine Schleifen enthalten.
	4	Vom Projektanfang (Startknoten) bis zum Projektende (Zielknoten) muss ein ununterbrochener Ablauf gegeben sein.
2 Vorwärtsrechnung	5	Der Startvorgang beginnt mit einem FAZ von 0.
	6	FEZ = FAZ + Dauer
	7	Folgen auf einen Vorgang mehrere Vorgänge, so ist sein FEZ der FAZ aller unmittelbar nachfolgenden Vorgänge.
	8	Münden mehrere Vorgänge in einen Vorgang, so ist dessen FAZ der größte (späteste) FEZ aller Vorgänger.
3 Rückwärtsrechnung	9	FEZ des Zielknotens ist SEZ des Projekts.
	10	SAZ = SEZ – Dauer
	11	Hat ein Vorgang mehrere Vorgänger, so ist sein SAZ der SEZ aller unmittelbar vorausgehenden Vorgänge.
	12	Haben mehrere Vorgänge einen gemeinsamen Vorgänger, so ist dessen SEZ der kleinste (früheste) SAZ aller Nachfolger.
4 Ermitteln von Puffern und kritischem Weg	13	GP = SAZ – FAZ = SEZ – FEZ
	14	$FP_{\text{Vorgang A}} = FAZ_{\text{Nachfolger B}} - FEZ_{\text{Vorgang A}}$
	15	Kritischer Weg = Kette aller kritischen Vorgänge (mit Puffer = 0).

Abb. B_37: Regeln zur Netzplanerstellung

Beispiel IT-Installation

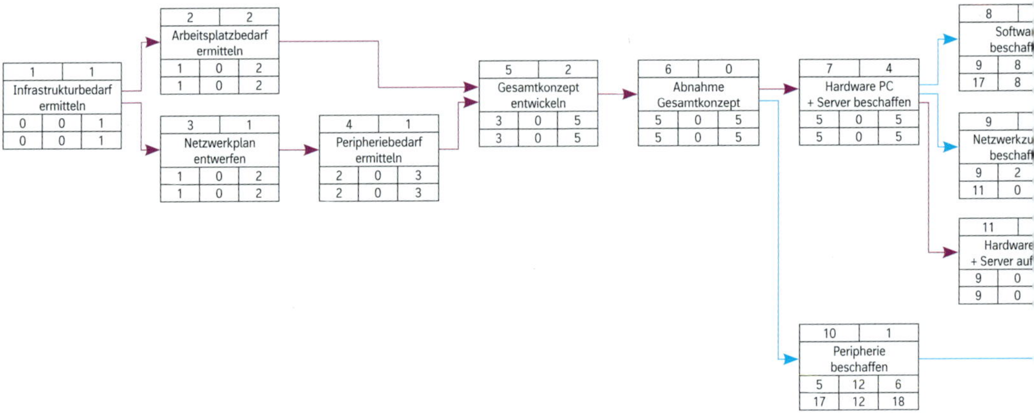

Abb. B_38: Zeitplan (Ablauf- und Terminplan) als Netzplan

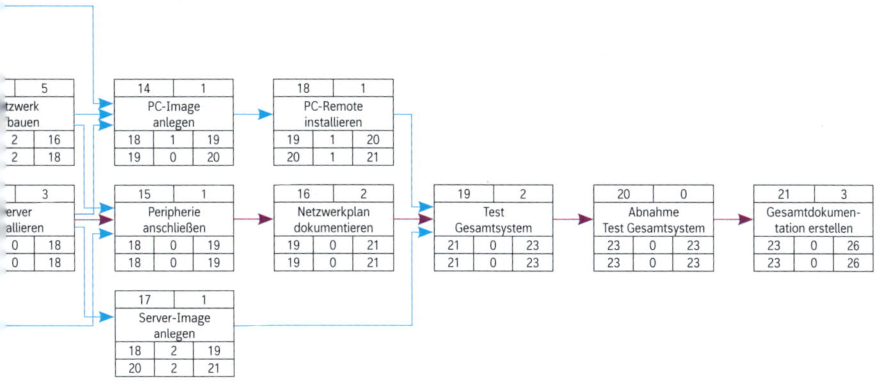
5
tzwerk
bauen
2 16
2 18
3
erver
allieren
0 18
0 18
14 1
PC-Image
anlegen
18 1 19
19 0 20
18 1
PC-Remote
installieren
19 1 20
20 1 21
15 1
Peripherie
anschließen
18 0 19
18 0 19
16 2
Netzwerkplan
dokumentieren
19 0 21
19 0 21
17 1
Server-Image
anlegen
18 2 19
20 2 21
19 2
Test
Gesamtsystem
21 0 23
21 0 23
20 0
Abnahme
Test Gesamtsystem
23 0 23
23 0 23
21 3
Gesamtdokumen-
tation erstellen
23 0 26
23 0 26

5 Erstellen des Ressourcenplans

5.1 Was man dazu wissen sollte

Begriff und Abgrenzung

Unter Ressourcen (Einsatzmitteln) versteht man in der Projektplanung alle Personen und Sachmittel, die zur Durchführung eines Projekts benötigt werden. Entsprechend unterscheidet man Personalressourcen (z. B. Programmiererinnen und Programmierer) und Sachressourcen, welche sich noch einmal aufgliedern in langfristig genutzte Betriebsmittel (z. B. Produktionshallen, Maschinen, Fahrzeuge, Werkzeuge) und Verbrauchsmaterial (z. B. Roh-, Hilfs- und Betriebsstoffe, Halbfertig- und Fertigteile). Häufig ist in diesem Zusammenhang auch von Aufwand bzw. einer Aufwandsschätzung die Rede. Damit ist nicht der Aufwand im Sinne der Finanzbuchhaltung gemeint, sondern die Menge der erforderlichen Ressourcen und auch die damit verbundenen Kosten. Die betrieblich verfügbaren Ressourcen werden als Kapazitäten bezeichnet.

Bedeutung

Der Ressourcenplan weist aus, wann welche Personal- und Sachressourcen in welchem Umfang benötigt werden. Der Ressourcenplan soll die Bereitstellung der betreffenden Ressourcen zur rechten Zeit sicherstellen (z. B. frühzeitige Beschaffung von Spezialschrauben, Reservierung spezieller Geräte, Urlaubssperre für Fachleute in bestimmten Zeiträumen usw.) und dient als Grundlage für die anschließende Kostenplanung.

5.2 Was jetzt zu tun ist

Ermitteln des Ressourcenbedarfs

Auf Grundlage der Vorgänge des Zeitplans können die Personal- und Sachressourcen geplant werden. Handelsübliche Planungssoftware bietet dazu meistens eine kalendarische und taggenaue Planung nach Ressourcen gegliedert an.

Beispiel IT-Installation

Ressourcenplan: IT-Installation																					
Ressource	**17. KW**							**18. KW**							**19. KW**						
	M	D	M	D	F	S	S	M	D	M	D	F	S	S	M	D	M	D	F	S	S
Herr Müller																					
Infrastrukturbedarf ermitteln	8h																				
Arbeitsplatzbedarf ermitteln		8h	8h																		
Herr Krause																					
Netzwerkplan entwerfen		8h																			
Peripheriebedarf ermitteln			8h																		
Gesamtkonzept entwickeln				8h	8h																
Frau Siebertz																					
Hardware PC + Server beschaffen						8h	8h	8h	8h												
Software beschaffen										8h	8h										
usw.																				usw.	

Abb. B_39: Ressourcenplan (Beispiel, Ausschnitt)

Eine genaue Ressourcenplanung ist jedoch sehr aufwendig, weshalb sie in der Praxis gewöhnlich nur grob erstellt wird. Dabei besteht ein verbreiteter Fehler darin, die Ressourcen zu 100 % einzuplanen, denn sie werden oft auch an anderer Stelle benötigt.[11] Aus diesem Grunde sind zwei weitere Schritte erforderlich:[12]

Gegenüberstellen von Ressourcenbedarf und Kapazitäten

In einem zweiten Schritt werden die geplanten Ressourcen den betrieblichen Kapazitäten gegenübergestellt. Wenn der Ressourcenbedarf diese überschreitet, spricht man von einer Unterdeckung. In diesem Fall ist eine Optimierung der Ressourcen erforderlich.

Optimieren der Ressourcen

Zur Optimierung der Ressourcen kann das Projektmanagement zeitliche Veränderungen der betreffenden Vorgänge vornehmen. Diese können zeitlich verschoben, über einen längeren Zeitraum gestreckt oder auf einen kürzeren Zeitraum gestaucht werden.

6 Erstellen eines Kostenplans

6.1 Was man dazu wissen sollte

Bedeutung

Der Kostenplan baut auf dem Projektstrukturplan und auf dem Ressourcenplan auf. Er wird benötigt, um

- die Wirtschaftlichkeit eines bevorstehenden Projekts ermitteln zu können,
- das Projektbudget für interne Projekte bzw. den Preis für externe Projekte kalkulieren zu können,
- die Projektkosten im Projektverlauf überwachen und steuern zu können (Projektcontrolling) und
- den wirtschaftlichen Erfolg des Projekts messen zu können.

Methoden

Es gibt unterschiedliche Methoden der Kostenplanung. Wichtige Methoden sind:

- **Analogie-Methoden:** Hier werden Erfahrungswerte aus ähnlichen bzw. verwandten Projekten übertragen (z. B. Übertragung von Schweißkosten im Brückenbau auf den Schiffbau).

- **Kennzahlen-Methoden:** Diese erlauben überschlägige Hochrechnungen der Projektkosten mithilfe einfacher Kennzahlen (z. B. Kosten je Kubikmeter umbauten Raumes).

- **Projektstrukturplan-Methode:** Diese greifen auf den Projektstrukturplan zurück. Dabei kann von oben nach unten (top-down) oder auch von unten nach oben (bottom-up) vorgegangen werden. Projektstrukturplanmethoden sind immer möglich und gelten als vergleichsweise zuverlässig. Sie werden im Folgenden vertieft.

---

11 Vgl. Schelle/Linssen: Projekte zum Erfolg führen, S. 179.
12 Vgl. Bea/Scheurer/Hesselmann: Projektmanagement, S. 196 ff.

6.2 Was jetzt zu tun ist

Erstellen eines Top-down-Kostenplans

Der Top-down-Kostenplan wird auf Grundlage des Projektstrukturplans erstellt. Dabei wird ein vorgegebenes Projektbudget mithilfe eines Verteilungsschlüssels von oben nach unten auf alle Arbeitspakete verteilt (Abb. B_40). Dieser Verteilungsschlüssel beruht auf Erfahrungswerten vorheriger Projekte (s. Kapitel *B V 3 Auswerten des Projekts*).

Beispiel IT-Installation

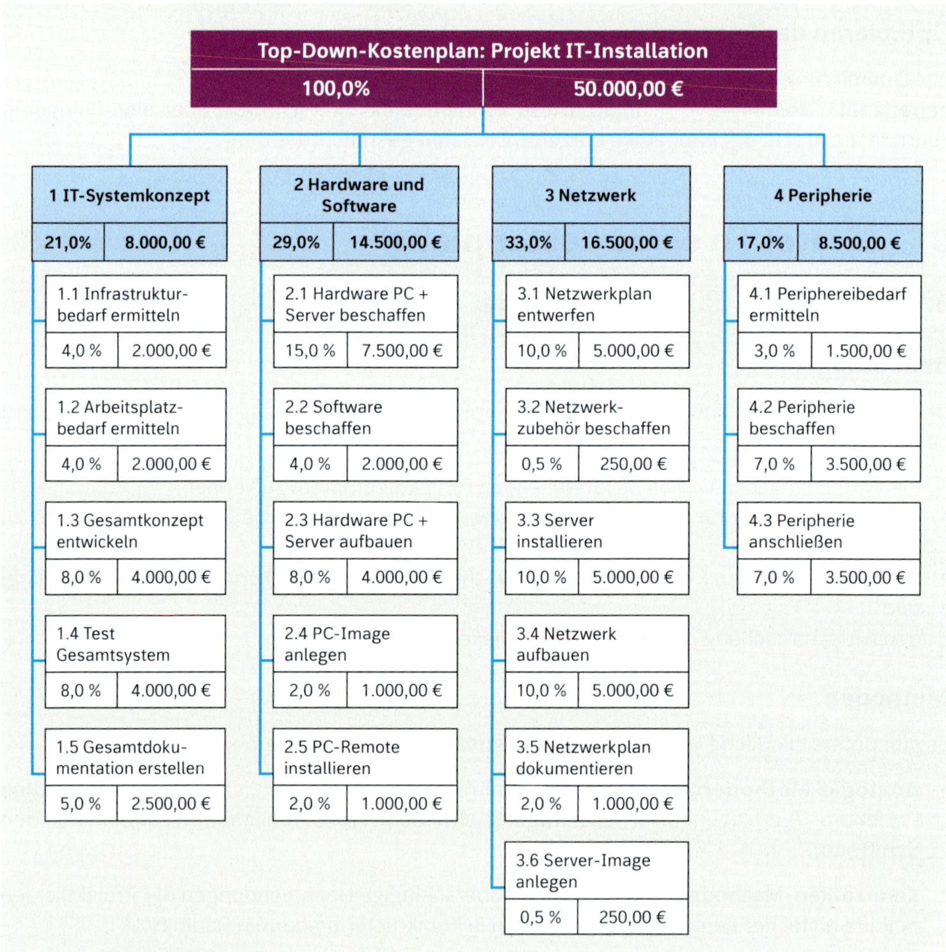

Abb. B_40: Kostenplan: Top-down

Erstellen eines Bottom-up-Kostenplans

Der Bottom-up-Kostenplan wird in die entgegengesetzte Richtung entwickelt, also von unten nach oben: Hier werden für jedes Arbeitspaket alle Kosten mithilfe einer Zuschlagskalkulation berechnet (Abb. B_41) und am Ende die Kosten aller Arbeitspakete aufaddiert, um die gesamten Projektkosten zu ermitteln. In aller Regel fallen die Bottom-up-Kosten höher aus als die Top-down-Kosten.

Web

Beispiel IT-Installation

Bottom-up-Kostenplan: Arbeitspaket 3.4 Netzwerk aufbauen			
Gemeinkosten-zuschlagssatz	**Position**	**Betrag (€)**	**Hinweise**
	Fertigungsmaterial	2.600,00	z. B. Netzwerkkomponenten
6 %	Materialgemeinkosten	156,00	z. B. Lagermiete, Transportkosten
	Materialkosten	**2.756,00**	**Summe beider Positionen**
	Fertigungslöhne	2.400,00	Löhne für (Fach-)Arbeitskräfte
40 %	Fertigungsgemeinkosten	960,00	z. B. Abschreibungen von Maschinen
	Fertigungskosten	**3.360,00**	**Summe beider Positionen**
	Herstellkosten	**6.116,00**	**Summe aus Material- und Fertigungskosten**
6 %	Verwaltungsgemeinkosten	366,96	z. B. Gehälter in der Verwaltung
4 %	Vertriebsgemeinkosten	244,64	z. B. Gehälter in Marketing/Vertrieb
	Selbstkosten	**6.727,60**	**Summe aller Kosten**

Abb. B_41: Kostenplan: Bottom-up

Das Fertigungsmaterial und die Fertigungslöhne sind Einzelkosten, das bedeutet, dass sie den Arbeitspaketen von erfahrenen Fachleuten direkt zugeordnet werden können. Gemeinkosten sind Kosten, die für alle Arbeitspakete gemeinsam anfallen und mithilfe prozentualer Zuschlagssätze[13] den Einzelkosten hinzuaddiert werden.

Erstellen eines kombinierten Ressourcen- und Kostenplans

Eine einfache und pragmatische Lösung ist der kombinierte Ressourcen- und Kostenplan, der auf Grundlage des Projektstrukturplans und des Zeitplans erstellt werden kann (z. B. mithilfe von MS-Excel, s. Abb. B_42).

13 Das betriebliche Controlling ermittelt die Zuschlagssätze mithilfe des Betriebsabrechnungsbogens (hier nicht vertieft).

Beispiel IT-Installation

Ressourcen- und Kostenplan: Projekt IT-Installation											
		Personalressourcen				Sachressourcen					Projektkosten (€)
Arbeitspaketnummer	Arbeitspaketname	Mitarbeiter/-in	Stunden	Stundenlohn (€)	Personalkosten (€)	Sachmittel, Material	Einheit	Menge	Preis/ Einheit (€)	Sachkosten (€)	
3.4	Netzwerk aufbauen	Müller	40	30,00	1.200,00	Glasfaserkabel	Meter	160	5,00	800,00	2.000,00
3.4	Netzwerk aufbauen	Krause	40	30,00	1.200,00	Access Points	Stück	9	200,00	1.800,00	3.000,00
3.5	Netzwerkplan dokumentieren	Kaiser	14	35,00	490,00	CAD-Drucker	Seiten	30	3,00	90,00	580,00
3.5	Netzwerkplan dokumentieren	Saalmann	14	30,00	420,00					0,00	420,00
...	...	...	...	...	...	...	...	...	...	...	...
...	...	...	...	...	...	...	...	...	...	...	...
Gesamt:					**35.400,00**					**14.600,00**	**50.000,00**

Abb. B_42: Ressourcen- und Bottom-up-Kostenplan (kombiniert)

Web

IV Realisierungsphase

Anything that can go wrong will go wrong.
Murhpys Gesetz

Mit Abschluss der Definitions- und der Planungsphase sind alle Weichen gestellt. Nun wird die Planung in die Tat umgesetzt. Stellen wir uns vor:

Wir wollen mit unserer Schiffsbesatzung auf einem hölzernen Viermaster nach New York segeln. Zu diesem Zweck haben wir eine Route auf unseren Seekarten festgelegt und alles geplant. Nun geht also die Reise los. Doch schon bald kommen ganz unterschiedliche Herausforderungen auf uns zu: Hitze, Kälte, Gewitter, Stürme, haushohe Wellen, Krankheiten, Hunger, Ratten, Piraten und dann auch noch Meuterei!

Die Kapitänin oder der Kapitän hat dabei die Aufgabe, das Schiff trotz all dieser Widrigkeiten in der vereinbarten Zeit zum Ziel zu steuern – und nichts anderes ist die Aufgabe der Projektleitung in der Realisierungsphase. Ganz so schlimm kommt es in den meisten Projekten übrigens nicht.

1 Führen und Motivieren des Projektteams

1.1 Was man dazu wissen sollte

Etwas Motivationstheorie

Die Projektleitung ist eine Führungskraft, sie muss ihr Projektteam führen und für die Erreichung der Projektziele motivieren, denn eine Dienst-nach-Vorschrift-Mentalität reicht in Projekten nicht aus. Eine gute Projektleitung sollte daher auch etwas von Motivationspsychologie verstehen. Aus unterschiedlichen Motivationstheorien können wir vereinfachend ableiten, dass die Arbeitsmotivation am größten ist, wenn die Teammitglieder des Projektteams

- sich mit den Projektzielen identifizieren,
- in ihrer Arbeit aufgehen und ihre Ideen verwirklichen können,
- von der Leitung und ihren Teammitgliedern respektiert werden und
- Anerkennung für ihre Arbeit erhalten.

Bedeutung von Respekt

Bei der Führung eines Projektteams sind zwei grundlegende Aspekte zu bedenken: Zum einen sind Projekte zu komplex, als dass die Projektleitung alle Tätigkeiten überblicken und im Griff haben könnte. Vielmehr ist sie davon abhängig, dass die Projektmitarbeiterinnen und -mitarbeiter in den einzelnen Arbeitspaketen verantwortungsvoll arbeiten und mitdenken und die Projektleitung aktiv informieren und unterstützen. Zum anderen sind bei vielen Projekten in der Praxis die ausgewählten Projektmitarbeiterinnen und -mitarbeiter hinsichtlich Herkunft, Qualifikation und Berufserfahrung der Projektleitung ebenbürtig oder sogar überlegen. Sie haben deshalb kein Verständnis dafür, wenn sie von oben herab behandelt werden. Aus beiden Gründen sollte die Projektleitung dem Team stets mit Respekt begegnen.

Der richtige Führungsstil

Es gibt eine Vielzahl von Kategorisierungen von Führungsstilen. Bekannte Führungsstile sind der autoritäre, der kooperative, der bürokratische, der patriarchalische und der Laissez-faire-Führungsstil. Aus Sicht des Autors und der Autorin eignet sich in Projekten bevorzugt der kooperative Führungsstil. Das bedeutet, dass die Projektleitung die Mitglieder des Projektteams so weit wie möglich in Entscheidungen einbezieht und diese als Partnerinnen und Partner betrachtet. Das bedeutet aber nicht, dass die Projektleitung auf Führung verzichtet. Eine klare Führung ist notwendig und wird auch vom Team erwartet. Dabei sollte eine konstruktive Kritik an der Projektleitung jederzeit willkommen sein.

1.2 Was jetzt zu tun ist

Das Team für das Projekt begeistern

Führungskräfte sind naturgemäß auch Stimmungsmacher, jede Führungskraft überträgt ihre Stimmung auf ihre Mannschaft: Eine Projektleitung, die nicht an ihre Sache glaubt, wird ihr Team nicht motivieren. Gelingt es der Projektleitung hingegen, ihr Team für die Projektziele zu begeistern, leistet sie damit den größtmöglichen Beitrag zur Teammotivation.

Führen mit Respekt

Wie oben dargelegt wurde, ist ein respektvoller Umgang mit dem Projektteam das A und O. Dieser drückt sich im Projektalltag durch die Befolgung folgender Regeln aus:

Goldene Führungsregeln für die Projektleitung	
§ 1	**Höflich Auftreten:** Dazu gehören Selbstverständlichkeiten wie der Gruß am Morgen, das Ausredenlassen oder die Verabschiedung am Abend.
§ 2	**Führungsstil ausweisen:** Die Projektleitung sollte ihren Führungsstil von Anfang an deutlich machen und abhängig vom Einzelfall ggf. auch begründen.
§ 3	**Teammitglieder frühzeitig einbeziehen:** Die frühzeitige Einbeziehung in Entscheidungen (wo es möglich und sinnvoll ist) fördert die Identifikation der Teammitglieder mit dem Projekt.
§ 4	**Aufgaben delegieren:** Die Übertragung von Verantwortung auf die Arbeitspaketleitungen erfüllt diese in aller Regel mit Stolz und erlaubt die Erledigung der Vielzahl an Aufgaben.
§ 5	**Klare Ziele vereinbaren:** Die Projektmitarbeiterinnen und -mitarbeiter wollen wissen, was sie tun sollen. Arbeitspaketbeschreibungen geben allen Beteiligten Planungssicherheit.
§ 6	**Richtig loben und tadeln:** Echtes Lob (keine hohlen Phrasen) erzeugt eine hohe Motivation. Tadel muss gut nachvollziehbar sein und darf die getadelte Person nicht abwerten.
§ 7	**Einhaltung der Teamregeln überwachen:** Die Projektleitung hat auch eine Schiedsrichterfunktion. Diese Aufgabe ist zuweilen unangenehm, wird aber vom Projektteam erwartet.
§ 8	**Mit gutem Beispiel vorangehen:** Wer Wasser predigt und Wein trinkt, ist nicht glaubwürdig. Das betrifft den eigenen Arbeitseinsatz wie auch die Einhaltung von Vereinbarungen.
§ 9	**Transparenz schaffen:** Offene Kommunikation und ein gleicher Informationsstand sind eine wichtige Voraussetzung für das Vertrauen des Teams in die Projektleitung.
§ 10	**Empathisch kommunizieren:** Die Projektleitung sollte die dienstlichen und auch die persönlichen Sorgen und Nöte der Teammitglieder ernst nehmen und ihnen stets aktiv zuhören.[15]
§ 11	**Konflikten frühzeitig begegnen:** Gemäß der Devise „Störungen haben Vorrang" sollte die Projektleitung versuchen, Konflikte frühzeitig zu lösen (siehe unten).
§ 12	**Authentisch auftreten:** Dazu gehören Echtheit, Mut zur Ehrlichkeit und Konsequenz in Bezug auf die eigenen Werte (Opportunisten kommen nie gut an).

Abb. B_43: Goldene Führungsregeln für die Projektleitung

14 *Aktives Zuhören im Sinne des US-amerikanischen Psychotherapeuten Carl R. Rogers bedeutet in erster Linie, sich einfühlsam auf die Gesprächspartnerin bzw. den Gesprächspartner einzulassen, sich ernsthaft zu bemühen ihn zu verstehen und seine eigene Meinung vorerst zurückzuhalten.*

Aufbauen einer Feedbackkultur

Eine wichtige Voraussetzung für eine konstruktive Zusammenarbeit im Projektteam besteht darin, dass sich Projektleitung und Teammitglieder ihr eigenes Verhalten und dessen Wirkung auf andere bewusst machen. Feedback ist nicht immer angenehm, aber qualifiziertes Feedback ist immer eine wichtige Lernchance. Deshalb sollte in jedem Projekt eine Feedbackkultur aufgebaut und gepflegt werden. Diese besteht aus Feedbackrunden, die regelmäßig und/oder nach erbrachten Leistungen durchgeführt werden. Dabei sind folgende Feedbackregeln zu beachten:

Feedbackregeln	
Feedbackgeber/-in	**Feedbacknehmer/-in**
▪ Feedback anbieten, nicht aufzwingen ▪ Mit positivem Feedback beginnen ▪ Feedback präzise und konkret formulieren ▪ Verhalten beschreiben und nicht bewerten ▪ Nur änderbares Verhalten thematisieren ▪ Ich-Botschaften statt Du-Botschaften[16]	▪ Feedback nur anhören, nicht kommentieren ▪ Bei Unklarheiten nachfragen ▪ Am Ende für das Feedback bedanken, denn es ist immer eine wertvolle Lernchance ▪ Überzeugende Aspekte herausfiltern, nicht überzeugende Aspekte vergessen

Abb. B_44: Feedbackregeln

Managen von Konflikten

Das beste Konfliktmanagement besteht in der Konfliktvorbeugung. Dazu leisten die Einhaltung der „Goldenen Führungsregeln“ und eine gelebte Feedbackkultur einen wichtigen Beitrag. Ganz vermeiden lassen sich Konflikte allerdings nie. Außerdem können sie Ausdruck ganz natürlicher und auch produktiver Entwicklungsphasen von Teams sein, wie der US-amerikanische Psychologe Bruce Wayne Tuckman herausfand.[16]

Kommt es zum Konflikt, sollte die Projektleitung zunächst abschätzen, ob sie diesen selbst lösen kann oder ob sie eine externe Unterstützung einschalten will. Sofern sie den Konflikt selbst lösen will, kann sie folgendermaßen vorgehen:

- **Schritt 1: Vorgespräch:** In einem Vorgespräch wird die Bereitschaft der Konfliktparteien zur Konfliktlösung geprüft und die Streitschlichterin oder der Streitschlichter mit der Schlichtung beauftragt.
- **Schritt 2: Konfliktbeschreibung:** Hier können die Konfliktparteien ihre Position darstellen („Dampf ablassen“). Droht eine Eskalation, sollte das Gespräch unter vier Augen stattfinden.
- **Schritt 3: Konfliktanalyse:** Im gemeinsamen Gespräch mit den Konfliktparteien werden sachliche und auch emotionale Konfliktgründe herausgearbeitet. Die Konfliktparteien werden dabei auch gebeten, sich einmal in ihr Gegenüber hineinzuversetzen und damit die Probleme und Argumente der Gegenseite nachzuvollziehen.
- **Schritt 4: Zielformulierung:** Alle Beteiligten einigen sich auf ein Ziel, welches für beide Parteien eine Win-win-Situation bedeutet und im Idealfall SMART+ zu formulieren ist.

---

15 *Beispiel: Ich-Botschaft: „Ich habe dich nicht verstanden.“ - Du-Botschaft:„ Du redest immer so undeutlich.“*

16 *Tuckman beobachtete in den 1960er-Jahren eine Vielzahl von Gruppen und stellte fest, dass diese immer wieder dieselben Phasen durchlaufen, die er als Forming, Storming, Norming und Performing bezeichnete. In der Storming-Phase treten naturgemäß Konflikte (z. B. Machtkämpfe) auf.*

- **Schritt 5: Lösungsalternativen:** Es werden möglichst unterschiedliche, kreative Lösungswege gesammelt.
- **Schritt 6: Lösungsauswahl:** Die Lösungswege werden bewertet (z. B. mithilfe einer Nutzwertanalyse) und der beste ausgewählt.
- **Schritt 7: Einigungsvertrag:** Beide Seiten schließen einen schriftlichen Vertrag, der sie zur Beschreitung des ausgewählten Lösungsweges verpflichtet.
- **Schritt 8: Erfolgskontrolle:** Mit etwas zeitlichem Abstand (z. B. nach zwei Wochen) ist zu überprüfen, ob sich beide Seiten an den Vertrag gehalten haben und ob sie zufrieden sind.

2 Koordinieren und Informieren

2.1 Was man dazu wissen sollte

Theoretisch sind alle Projektmitarbeiterinnen und -mitarbeiter mithilfe der vorliegenden Konzepte und Pläne nun in der Lage, das Projekt selbstständig durchzuführen. Doch die Praxis sieht oft anders aus, denn man sieht schon bald den Wald vor lauter Bäumen nicht mehr und die eine Abteilung weiß oft nicht, was die Nachbarabteilung macht. Die Projektleitung kann dagegen den ganzen Wald sehen, sie hat den Blick von oben auf das große Ganze. Damit kann sie die einzelnen Aktivitäten koordinieren und Informationen zielgerichtet steuern.

2.2 Was jetzt zu tun ist

Koordinieren der Aktivitäten

Die Projektleitung hat die Aufgabe, alle Aktivitäten der Realisierungsphase zu koordinieren, also die Tätigkeiten aufeinander abzustimmen und miteinander in Einklang zu bringen. Zu diesem Zweck muss sie

- einen engen persönlichen Kontakt zu allen Arbeitspaketleitungen pflegen („Hand am Puls"), das betrifft insbesondere die Vorgänge auf dem kritischen Weg,
- Informationsstände unter den Arbeitspaketen abgleichen (z. B. sicherstellen, dass relevante Informationen angekommen und Dinge aufeinander abgestimmt sind),
- mögliche Probleme vorhersehen (antizipieren) und frühzeitig gegensteuern,
- die Lösung aufgetretener Probleme unterstützen,
- Bedarfe abfragen und Maßnahmen zur Bedarfsdeckung veranlassen.

Dabei spielen Besprechungen eine zentrale Rolle. Sie sind ein wichtiges und verbreitetes Instrument des Informationsaustausches und werden im Folgenden genauer betrachtet.

Vorbereiten von Besprechungen

Die Effektivität einer Besprechung steht und fällt mit ihrer Vorbereitung: Ist die Sitzung gut vorbereitet, kann nicht viel schiefgehen, ist sie schlecht vorbereitet, kann sie kaum gelingen. Um bei der Vorbereitung an alles zu denken, sollte eine Checkliste eingesetzt werden:

Checkliste: Vorbereitung einer Besprechung

- Sind die Besprechungsziele geklärt?
- Wurde eine Besprechungsstrategie (= Weg zur Erreichung der Besprechungsziele) entwickelt?
- Liegen alle Tagesordnungspunkte (TOPs) in der richtigen Reihenfolge vor?
- Wurden alle Teilnehmerinnen und Teilnehmer frühzeitig (mit TOPs und Bitte um Feedback zu den TOPs) eingeladen?
- Sind erforderliche Medien ausgewählt und vorbereitet (z. B. Beamer, WLAN)?
- Sind Besprechungsraum und Besprechungsdauer geklärt?

Abb. B_45: Checkliste: Vorbereitung einer Besprechung

In Statusbesprechungen sind folgende Standard-TOPs üblich (siehe Buch+Web): Web
- Was wurde in der letzten Periode erledigt und welche Zwischenergebnisse liegen vor?
- Welche Probleme sind aufgetreten oder könnten auftreten?
- Wie sollen diese Probleme gelöst werden?
- Halten wir alle Termine ein?
- Halten wir die Kostenvorgaben ein?
- Was wird in der nächsten Periode erledigt?

Durchführen von Besprechungen

Die Sitzungsleitung muss sich im Vorfeld entscheiden, ob sie die Besprechung eher hierarchisch *leiten* oder demokratisch *moderieren* will. Der Unterschied besteht darin, dass die Besprechungsleitung inhaltlich Stellung bezieht und nach gemeinsamer Beratung erforderliche Entscheidungen allein trifft, während die Moderation einen Gruppenprozess bei seiner selbstständigen Arbeit unterstützt, ihre eigene Meinung zurückhält und Mehrheitsergebnisse akzeptiert. Die Entscheidung für eine der beiden Varianten sollte dem Team frühzeitig mitgeteilt werden, um Irritationen und Verärgerungen im Team (*„Erst diskutieren wir lange und dann macht die Projektleitung doch, was sie will.“*) vorzubeugen. Die folgende Checkliste (Abb. B_46) kann den Ablauf der Besprechung unterstützen. Ein Protokollformular finden Sie im Buch+Web. Web

Checkliste: Durchführung einer Besprechung

- Begrüßen der Teilnehmerinnen und Teilnehmer
- Klären der Protokollführung
- Bekanntgeben bzw. erinnern an: Ziele und Dauer der Besprechung
- Abarbeiten der geplanten TOPs
- Zuweisen von To-dos: Wer macht was bis wann?
- Klären von Ort und Zeit der nächsten Sitzung

Abb. B_46: Checkliste: Durchführung einer Besprechung

Hat die Besprechung offiziell begonnen, so kann die Leitung zu ihrer Überraschung erleben, dass die Besprechungsteilnehmer/-innen gar nicht an einem Strang ziehen und die Sitzungsziele eher als nebensächlich betrachten. In vielen Fällen erlebt sie einen Zoo mit Tieren, die ganz andere Ziele verfolgen.

Abb. B_47: Besprechungs-Typologie

Positive denken und arbeiten konstruktiv mit. Tipp: Aktiv einbeziehen, wichtige Zwischenergebnisse zusammenfassen lassen.

Alleswisser interessieren sich weniger für das Besprechungsziel, sie wollen vielmehr zeigen, alles besser zu wissen. Tipp: Verwertbare Impulse aufnehmen, ansonsten seinen Beitrag in die Gruppe geben.

Schüchterne halten sich lieber zurück, obwohl sie vielleicht gute Ideen haben. Tipp: Mit entsprechenden Methoden (z. B. einer Kartenabfrage) einbeziehen.

Ablehnende neigen zu grundsätzlicher Opposition („Trotzhaltung"). Tipp: Ihren Ehrgeiz wecken und ihre Energie im Sinne des Projekts umleiten (z. B. durch Anerkennung ihrer Leistungen).

Erhabene sind hohe Tiere und stolz auf gute Kontakte. Tipp: Vorsichtig dosierte Kritik üben („mit Samthandschuhen anfassen") und ihre Stärken und guten Kontakte nutzen.

Dickfällige zeigen sich desinteressiert. Tipp: Abwägen, ob es die Mühe lohnt, ihre Motivation zu wecken, ggf. nur mitlaufen lassen.

Streitsüchtige suchen den Konflikt. Tipp: Nicht auf den Konflikt einlassen, ihre Redeanteile begrenzen und im Notfall ihren Beitrag an die Gruppe weitergeben.

Redselige möchten sich ausführlich mitteilen und hören nicht mehr auf zu reden. Tipp: Wenn sie Luft holen, höflich unterbrechen und zum roten Faden zurückkehren.

Bedenkenträger haben entweder ernsthafte Bedenken oder äußern diese nur als Vorwand. Tipp: In beiden Fällen die Bedenken erst einmal ernst nehmen und sie nach Ermessen in entsprechenden Gremien vortragen.

Diese Typologie verdeutlicht, dass die Projektleitung nicht nur fachlich und methodisch, sondern auch in sozialen Belangen beschlagen sein sollte, um aus den unterschiedlichen Persönlichkeiten das Beste für das Projekt herauszuholen.

3 Begrenzen von Soll-Ist-Abweichungen

3.1 Was man dazu wissen sollte

Arten von Soll-Ist-Abweichungen

Im Idealfall wird das Projekt so realisiert, wie es geplant wurde, in diesem theoretischen Falle wäre also *Soll* gleich *Ist*. In der Realität kommt es aber in jedem Projekt zu Soll-Ist-Abweichungen. Aus dem Zieldreieck (Kapitel *B II 2 Klären der Projektziele*) lassen sich drei Arten von Abweichungen ableiten:

- **Terminabweichungen:** Geplante Termine werden nicht eingehalten.
- **Kostenabweichungen:** Geplante Kosten werden über- oder unterschritten.
- **Qualitätsabweichungen:** Die geplante Qualität des Projektergebnisses wird nicht erreicht.

Bedeutung

Soll-Ist-Abweichungen bedeuten grundsätzlich, dass etwas aus dem Ruder läuft. Eine der wichtigsten Aufgaben des Projektmanagements in der Realisierungsphase besteht deshalb darin, Soll-Ist-Abweichungen frühzeitig zu erkennen und gegenzusteuern. Man spricht auch von *Projektsteuerung* oder *Projektcontrolling*. Im Folgenden werden nur Soll-Ist-Abweichungen von Terminen und Kosten betrachtet. Soll-Ist-Abweichungen der Qualität fallen in das Aufgabengebiet der Qualitätssicherung (s. Kapitel *IV 6 Managen sonstiger Aufgabengebiete*).

3.2 Was jetzt zu tun ist

Einrichten eines Frühwarnsystems

In der Realisierungsphase schleichen sich in den meisten Projekten schon nach kurzer Zeit Soll-Ist-Abweichungen bei Terminen und Kosten ein. Je später diese bemerkt werden, desto größer ist der Aufwand, sie wieder abzubauen. Deshalb versucht die Projektleitung, diese Abweichungen so früh wie möglich zu erkennen und zu begrenzen, indem sie

- stets die Kundenanforderungen und die Projektplanung (= Soll) im Hinterkopf hat,
- einen engen und persönlichen Kontakt zu den AP-Leitungen pflegt („die Hand am Puls"),
- sicherstellt, dass Soll-Ist-Abweichungen frühzeitig bemerkt und gemeldet werden,
- engmaschig den Projektfortschritt überprüft.

Ermitteln und Darstellen von Terminabweichungen

Soll-Ist-Abweichungen von Terminen können im Balkenplan dargestellt werden:

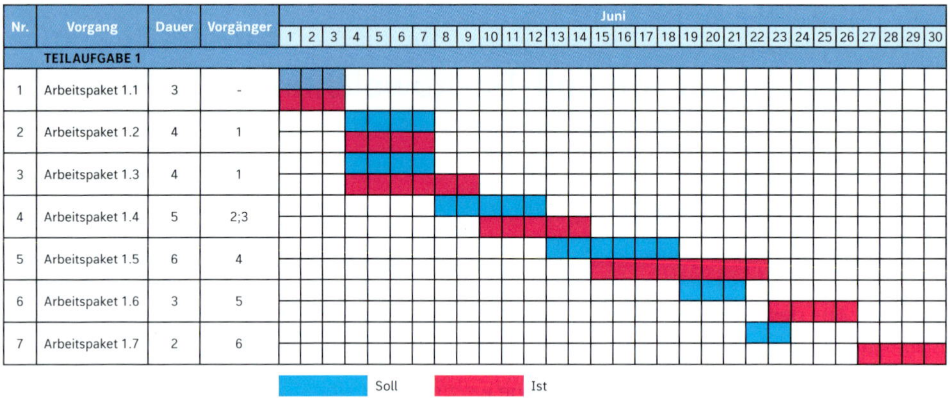

Abb. B_48: Soll-Ist-Abweichungen im Zeitplan

Beispiel

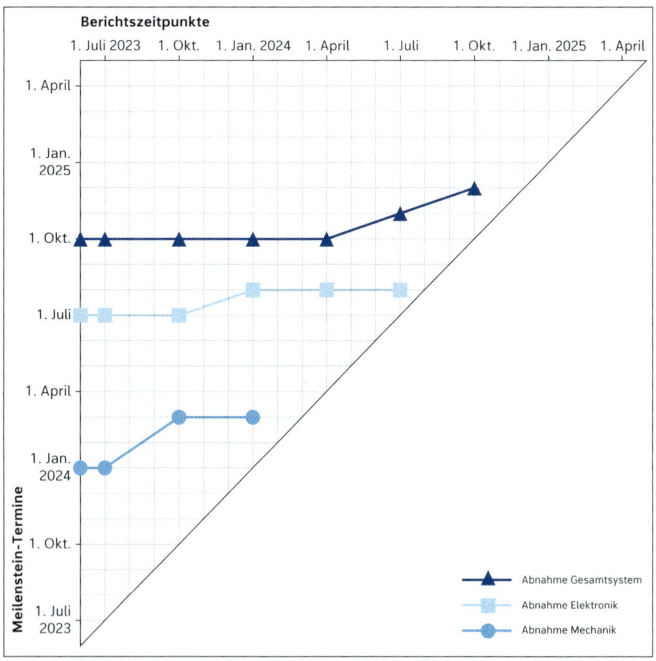

Abb. B_49: Meilensteintrendanalyse (MTA)

Soll-Ist-Abweichungen von Meilensteinterminen lassen sich mithilfe der Meilenstein-Trendanalyse grafisch abbilden (Abb. B_49). Sie wird in größeren Projekten häufig dem Statusbericht beigelegt und ermöglicht dem oberen Management, die Verschiebung von Meilensteinterminen auf einen Blick zu erkennen. In der grafischen Darstellung werden die Berichtszeitpunkte an der horizontalen Achse und die geplanten Meilensteintermine an der vertikalen Achse eingetragen.

Im vorliegenden Beispiel wurden im Statusbericht vom 1. Juli 2023 die Abnahme der Mechanik für den 1. Januar 2024 geplant, im Statusbericht vom 1. Oktober 2023 wurde dieser Meilenstein dann auf den 1. März 2024 verschoben. Generell gilt bei dieser Darstellung:

- Horizontale Linie: Meilensteintermine bleiben im Plan.
- Steigende Linie: Meilensteintermine werden verschoben.
- Sinkende Linie: Meilensteintermine werden vorgezogen.

Ermitteln von Kostenabweichungen

Soll-Ist-Abweichungen hinsichtlich der Kosten lassen sich durch eine einfache Erweiterung des Bottom-up-Kostenplans um die Spalten *Ist* und *Abweichung* ermitteln:

Soll-Ist-Abweichung Kosten: Arbeitspaket 1.1				
		Soll (in €)	**Ist (in €)**	**Abweichung**
	Fertigungsmaterial	3.000,00	3.150,00	5,00 %
10 %	Materialgemeinkosten	300,00	330,00	10,00 %
	Materialkosten	**3.300,00**	**3.480,00**	**5,45 %**
	Fertigungslöhne	3.600,00	3.960,00	10,00 %
150 %	Fertigungsgemeinkosten	5.400,00	6.480,00	20,00 %
	Fertigungskosten	**9.000,00**	**10.440,00**	**16,00 %**
	Herstellkosten	**12.300,00**	**13.920,00**	**13,17 %**
8 %	Verwaltungsgemeinkosten	984,00	1.131,60	15,00 %
5 %	Vertriebsgemeinkosten	615,00	676,50	10,00 %
	Selbstkosten	**13.899,00**	**15.728,10**	**13,16 %**

Abb. B_50: Soll-Ist-Abweichungen der Kosten eines Arbeitspakets

Analysieren der Abweichungsursachen

Im nächsten Schritt können die Ursachen der Soll-Ist-Abweichungen analysiert werden. Typische Ursachen sind:[17]

Planungsfehler	Ausführungsfehler	Änderungen der Rahmenbedingungen
– Bei Tätigkeiten - vergessen - fehlerhafte Schätzung - Termine nicht überprüft - Risiko unberücksichtigt – Ressourcenplanung - Überbelastung nicht beachtet - Verfügbarkeit nicht abgestimmt – Bezogen auf Personalressourcen - Know-how nicht beachtet - Schulung/Einarbeitung nicht eingeplant - Urlaub/Fortbildungen usw. nicht berücksichtigt	– Fehler der Führungskräfte - falsche Auswahl - mangelnde Einweisung - mangelnde Aufsicht – Fehler der Bearbeitenden - mangelhafte Einkaufskontrolle von Zukaufteilen - unsachgemäße Lagerung/Transport - verspätete Disposition	– Leistungsänderung - durch Auftraggeber - durch Behördenauflagen usw. – Witterungseinflüsse – Streik – Kündigungen – Krankheiten – Maschinenausfall – Veränderte Prioritäten des Auftraggebers

Abb. B_51: Ursachen für Soll-Ist-Abweichungen

17 *Vgl. Birker: Projektmanagement, S. 140.*

Ergreifen von Gegenmaßnahmen

Auf Grundlage der Abweichungsanalysen kann die Projektleitung mit konkreten Maßnahmen gegensteuern und das Projekt damit wieder auf Kurs bringen. Typische Maßnahmen sind:

- Erhöhen der Arbeitszeit für das Projektteam (z. B. durch Überstunden oder Sonderschichten),
- Erhöhen der Personalressourcen (Umverteilung von Personal oder Neueinstellungen),
- Ausweichen auf technische Alternativen („kleben statt schweißen").

Nachfolgende Maßnahmen sollten erst dann ergriffen werden, wenn alle anderen Maßnahmen vergeblich waren („Ultima Ratio"):

- Anpassen der Projektplanung (z. B. Verkürzen der Dauer nachfolgender Vorgänge)
- Absenken der Qualität von Komponenten

Alle Maßnahmen sind im Einzelfall und unter Berücksichtigung aller Auswirkungen sorgfältig zu prüfen. Denn gut gemeinte Maßnahmen können ungewünschte Nebenwirkungen haben und in manchen Fällen sogar das Gegenteil des beabsichtigten Effekts bewirken.

Beispiel: *Da in dem PR-Projekt eines Industriebetriebs die Fertigstellung des Arbeitspakets „Social Media" deutlich länger dauert als geplant, entscheidet die Projektleitung, Projektmitarbeiter und -mitarbeiterinnen aus dem Arbeitspaket „Imagefilm" als Verstärkung abzuordnen. Doch diese Maßnahme führt dazu, dass der Imagefilm nicht termingerecht fertiggestellt werden kann (= Nebenwirkung). Außerdem nimmt die Einarbeitung der neuen Mitarbeiterinnen und Mitarbeiter so viel Zeit in Anspruch, dass sich der Zeitverzug am Ende noch vergrößert.*

4 Dokumentieren und Berichten

4.1 Was man dazu wissen sollte

Arten der Dokumentation

Schon in kleineren bis mittelgroßen Projekten fallen Hunderte bis Tausende von Dokumenten an. Dabei ist zwischen der Produktdokumentation (betrifft das Projektergebnis) und der Prozessdokumentation (betrifft den Projektablauf) zu unterscheiden. Aus diesem Grunde wurde in der Vorbereitungsphase eine entsprechende Projektinfrastruktur installiert (s. Abschnitt *B I 5 Einrichten des Projektinformationssystems*).

Berichtswesen (Reporting)

Berichte sind Teil der Prozessdokumentation (s. Abb. B_52) und gelten als wichtiger Baustein der Projektsteuerung. Sie schaffen Transparenz und informieren frühzeitig über mögliche Fehlentwicklungen (Frühwarnsystem). Gewöhnlich wird gegenüber übergeordneten Hierarchieebenen berichtet, das bedeutet: Arbeitspaketleitungen berichten an die Projektleitung und diese wiederum an die Unternehmensleitung, den Auftraggeber und ggf. an andere Stakeholder. Die wichtigsten Berichte sind der periodische Statusbericht (Projektfortschrittsbericht) und der Abschlussbericht (s. Teilkapitel *B V 5 Verfassen des Abschlussberichts)*.

4.2 Was jetzt zu tun ist

Dokumentieren

Das Projektmanagement trägt die Verantwortung für eine vollständige Projektdokumentation (s. Abb. B_52), die sie aber delegieren kann. Bei technischen Projekten kommt dabei dem Versionsmanagement eine besondere Rolle zu. Das bedeutet: Die Versionen der einzelnen technischen Dokumente müssen exakt aufeinander und auf das Produkt abgestimmt sein. Man unterscheidet:

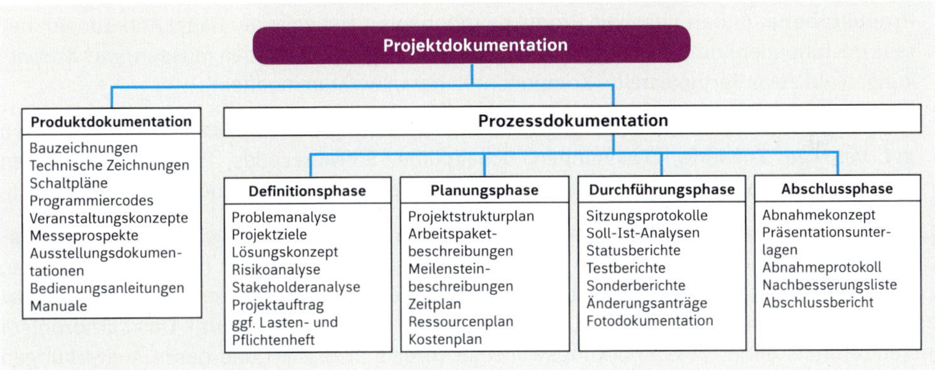

Abb. B_52: Projektdokumentation

Berichten

Im Projektinformationssystem wurde bereits geregelt, welche Berichte mit welchen Formularen zu erstellen sind und wer wem gegenüber zu berichten hat (s. Abschnitt *B I 5 Einrichten des Projektinformationssystems*). Beim Verfassen der Berichte ist nun darauf zu achten, dass die Inhalte für die Adressatinnen und Adressaten relevant und unmissverständlich sind. Außerdem sollten sie kurz und knapp gehalten sein. Aus diesem Grunde wird der Einsatz entsprechender Formulare empfohlen (s. Buch+Web).

5 Berücksichtigen von Änderungen

5.1 Was man dazu wissen sollte

Begriff

Unter Änderungen versteht man im Projektmanagement alle Arten von Änderungen am Projektergebnis (Lieferungen und Leistungen) wie auch an gültigen Dokumenten (Vertrags- und Planungsdokumenten).

Beispiel IT-Installation

Die Mitglieder im Zahnärzteteam der Gemeinschaftspraxis besichtigen die zum Teil bereits neu ausgestatteten Räume und bitten darum, in einem bisher als Abstellkammer genutzten Raum einen weiteren Arbeitsplatz für die Praxisverwaltung einzurichten. Würde dieser Änderungswunsch umgesetzt, wären weitere Bauarbeiten (z. B. Legen von Kabelschächten) und WLAN-Anpassungen erforderlich. Die IT-Installationskosten würden um fast 10 % steigen und der Endtermin könnte nicht eingehalten werden.

Bedeutung

Wir haben gesehen, dass Projekte komplexe Vorhaben sind. Spätere Änderungen sind deshalb stets Eingriffe in ein komplexes System, und die haben bekanntlich Nebenwirkungen. Bei Projekten kommt es zu solchen Nebenwirkungen auf drei Ebenen:

- **Dokumentebene:** Die Änderung eines Dokuments führt dazu, dass auch andere Dokumente geändert werden müssen – schließlich waren alle Dokumente einer Version aufeinander abgestimmt.
- **Produktebene:** Änderungen von Produktkomponenten ziehen in der Regel Änderungen bereits bestehender Komponenten nach sich, die nun angepasst werden müssen, was Auswirkungen auf zuvor fertiggestellte Komponenten hat usw. (Dominoeffekt).
- **Planungsebene:** Auch Planänderungen sind mit Änderungsaufwand verbunden: So müssen ggf. Verträge, Entwürfe, Zeichnungen, Schaltpläne, Softwarecodes, Produktkomponenten usw. angepasst oder neu erstellt werden, das bedeutet auch: Termine und Kosten ändern sich.

Dabei gilt die Faustregel: Je später im Projektverlauf Änderungen vorgenommen werden, desto teurer werden sie. Änderungen in der Realisierungsphase sind aber nicht die Ausnahme, sondern die Regel: Viele Projekte sind durch späte Änderungen in erheblichen Zeitverzug geraten und auch sehr teuer geworden (z. B. der Flughafen Berlin Brandenburg). Das Kernproblem besteht oftmals darin, dass Änderungswünsche voreilig akzeptiert und deren Auswirkungen unterschätzt werden.

Gründe für Änderungen

Häufige Gründe von Änderungen im Projektverlauf sind

- nachgeschobene Änderungswünsche des Auftraggebers,
- Änderungsideen des Auftragnehmers (z. B. zur technischen Optimierung),
- Umweltänderungen (Gesetzesänderungen, technischer Fortschritt usw.) oder
- Probleme bei der Realisierung des geplanten Konzepts.

5.2 Was jetzt zu tun ist

Definieren eines Änderungsprozesses

Um zu gewährleisten, dass auch nach Änderungen alle Projektziele erreicht werden und alles zusammenpasst, muss das Projektmanagement einen offiziellen und verbindlichen Änderungsprozess definieren. Änderungen können nicht ungeprüft vorgenommen werden, sondern müssen diesen Änderungsprozess durchlaufen. Der Änderungsprozess kann individuell ausgestaltet werden. Abbildung B_53 zeigt einen einfachen Änderungsprozess.

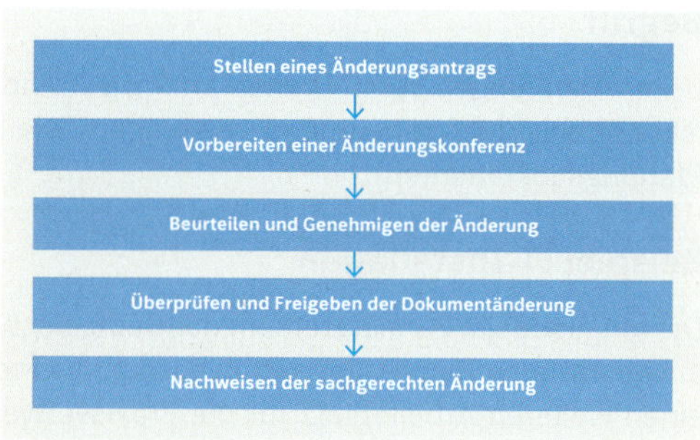

Abb. B_53: Änderungsprozess

Gestalten des Formulars „Änderungsantrag“

Der Änderungsantrag sollte mithilfe eines Formulars gestellt werden, damit die Änderungskonferenz über alle wichtigen Informationen verfügt. Dieses kann folgendermaßen aussehen und ist im Buch+Web hinterlegt.

Web

<table>
<tr><th colspan="3">Änderungsantrag</th></tr>
<tr><td colspan="2"></td><td>auszufüllen durch</td></tr>
<tr><td>Antragsteller/-in:</td><td>Antragsdatum:</td><td rowspan="7">Antragsteller/-in</td></tr>
<tr><td>Antragstellende Abteilung:</td><td>Antrag Nr.:</td></tr>
<tr><td colspan="2">Zu ändernde Einheit:</td></tr>
<tr><td colspan="2">Beschreibung der Änderung (Art und Umfang):</td></tr>
<tr><td colspan="2">Begründung der Änderung:</td></tr>
<tr><td colspan="2">Zu ändernde Dokumente:</td></tr>
<tr><td colspan="2">Auswirkungen (auf Komponenten, Termine, Kosten):</td></tr>
<tr><td colspan="2">Abteilung:</td><td rowspan="2">betroffene Abteilung</td></tr>
<tr><td colspan="2">Stellungnahme:</td></tr>
<tr><td>Notwendigkeit der Änderung:</td><td>Dringlichkeit der Änderung:</td><td rowspan="2">Änderungs-konferenz</td></tr>
<tr><td colspan="2">Entscheidung der Änderungskonferenz:</td></tr>
</table>

Abb. B_54: Änderungsantrag

6 Managen sonstiger Aufgabengebiete

6.1 Was man dazu wissen sollte

Die nachfolgenden Aufgaben begleiten die gesamte Realisierungsphase. Sie sind keinesfalls weniger wichtig als die vorangehenden Schritte. Sie werden hier aber nur kurz erläutert, weil sie weniger erklärungsbedürftig sind, an anderer Stelle ausführlich behandelt wurden oder nicht weiter vertieft werden sollen.

6.2 Was jetzt zu tun ist

Anpassen der Projektplanung

Ein geflügeltes Wort im Projektmanagement lautet: *„Geplant wird bis zum letzten Tag.“* Tatsächlich muss die Projektplanung in jedem Projekt immer wieder an die Realität angepasst werden („Soll-Ist-Abgleich“). Das betrifft aber nur die Zeitplanung (Ablauf- und Terminplanung), die Ressourcenplanung und die Kostenplanung. Der Projektstrukturplan und die Arbeitspaketbeschreibungen sind davon nicht betroffen, sofern sie keine gravierenden Fehler enthalten.

Managen von Tests

Tests haben ihren festen Platz in jedem IT-Projekt, das gilt insbesondere für Projekte der Softwareentwicklung. Da sie mit erheblichem Aufwand verbunden sind und viel Zeit in Anspruch nehmen, sollten sie schon in der Planungsphase geplant werden (siehe Abschnitt B III 1 Identifizieren der Arbeitspakete). In der Softwareentwicklung unterscheidet man zahlreiche Testarten, die sich hinsichtlich folgender Kriterien unterteilen lassen:

- **Zeitpunkt des Tests:** Abhängig davon, in welchem Stadium der Fertigstellung getestet wird, unterscheidet man unterschiedliche Teststufen: *Komponententests (Modul-Tests, Unit-Tests), Integrationstests, Systemtests und Abnahmetests.*
- **Art des Testverfahrens:** Hinsichtlich der Testverfahren unterscheidet man *statische Tests*, bei denen vor allem Entwicklungsdokumente und der Quellcode untersucht werden (z.B. Inspektion, Review) und *dynamische Tests*, bei denen der entwickelte Code in einer Testumgebung real ausgeführt wird (*Whitebox-Tests*, bei denen die Softwarestruktur und der Code bekannt sind und *Blackbox-Tests*, bei denen diese unbekannt sind).
- **Intention des Tests:** Hinsichtlich dessen, was getestet werden soll, unterscheidet man *Funktionstests*, mit denen überprüft wird, ob das Produkt die Anforderungen des Auftraggebers erfüllt und *Zuverlässigkeits-Tests*, mit denen getestet wird, ob das Testobjekt unter bestimmten Bedingungen stabil läuft sowie *Benutzbarkeitstests* (die überprüfen, ob das Testobjekt einfach zu bedienen ist).

Das Projektmanagement stellt in der Realisierungsphase sicher, dass alle erforderlichen Maßnahmen (z.B. Testvorbereitung, Testdurchführung, Testauswertung und Testdokumentation) zum richtigen Zeitpunkt bedacht und sachgerecht vorgenommen werden. Dasselbe gilt für alle Maßnahmen, die aus den Testergebnissen abgeleitet werden.

Managen der Risiken und Stakeholderinteressen

Die Risiko- und die Stakeholderanalyse sind im Idealfalle nicht auf die Projektdefinition beschränkt, sondern begleiten das gesamte Projekt. Beide wurden im Kapitel *B II Definitionsphase* ausführlich beschrieben.

Managen von Nachforderungen (Claim Management)

Das Managen der Nachforderungen (Claim Management) wird oft verwechselt mit dem Änderungsmanagement. Doch während es beim Änderungsmanagement darum geht, Änderungswünsche zu realisieren, ist es die Aufgabe des Claim Managements, für alle Arten von Abweichungen, die sich gegenüber dem ursprünglichen Projektvertrag bzw. Projektauftrag ergeben, Nachforderungen des Auftraggebers abzuwehren und eigene Nachforderungen gegenüber dem Auftraggeber durchzusetzen. Es geht also darum, die Interessen des Auftragnehmers gegenüber dem Auftraggeber auf dem Verhandlungswege zu vertreten. Dabei sollten stets einvernehmliche Lösungen (Win-win-Situationen) angestrebt werden, die sich langfristig immer auszahlen.

Qualitätsmanagement

Das Qualitätsmanagement muss dafür sorgen, dass sämtliche Prozesse des Projekts reibungslos verlaufen und bestimmte Qualitätsanforderungen vom Materialeingang bis zur Auslieferung des Endprodukts erfüllen. Die zugehörige Normreihe ist die DIN EN ISO 9000ff.

V Abschlussphase

Ende gut, alles gut.
Volksweisheit

Zuerst einmal: Herzlichen Glückwunsch zum fertigen Projektergebnis!

Jetzt könnte man ja meinen, dass der Projektabschluss nur noch eine Formalität sei – aber weit gefehlt, denn: Die Abschlussphase dient der Zufriedenstellung der wichtigsten Stakeholder und ist deshalb noch mit wichtigen Aufgaben verbunden. Für manche Projektleitungen ist die Abschlussphase sogar ein eigenes Projekt.

Freuen Sie sich auf die Abschlussphase: Sie ist eine wertvolle Lernchance für Sie und Ihr Team und zugleich eine Stufe auf Ihrer Karriereleiter!

1 Managen der Endabnahme

1.1 Was man dazu wissen sollte

Bedeutung der Endabnahme

Die Endabnahme markiert den offiziellen Projektabschluss gegenüber dem Auftraggeber, der das Projektergebnis, also die Lieferungen und Leistungen des Auftragnehmers nun offiziell abnimmt. Mit diesem Zeitpunkt beginnen mögliche Gewährleistungsfristen (z. B. fünf Jahre bei Immobilienprojekten). Im Mittelpunkt der Abnahme steht die Endkontrolle des Auftraggebers. Dieser muss nun sorgfältig überprüfen, ob das Projektergebnis, also alle Lieferungen und Leistungen des Auftragnehmers, vorliegt und alle Anforderungen erfüllt.

Abnahmetest

Der Abnahmetest kann als das Herzstück der Endabnahme betrachtet werden: Sein Ausgang entscheidet darüber, ob das fertige Produkt vom Auftraggeber abgenommen wird. Dabei wird das Gesamtsystem in der Kundenumgebung, also unter realen Bedingungen, darauf hin getestet, ob es alle Kundenanforderungen erfüllt und für die Inbetriebnahme tauglich ist. Die Durchführung des Tests liegt gewöhnlich beim Kunden oder seiner Vertretung, mindestens aber wird der Kunde am Test beteiligt.

Rahmen der Abnahmeveranstaltung

Die Ausgestaltung der Endabnahme ist abhängig von Branche und Projektergebnis. Bei kleinen physischen Endprodukten (z. B. eine medizinische Anlage in einer Klinik) kann die Abnahme in Form einer einfachen Übergabe und Einweisung beim Auftraggeber erfolgen und vielleicht nur wenige Stunden dauern. Bei größeren Produkten kann die Abnahmeveranstaltung deutlich umfangreicher sein (z. B. eine mehrtägige Probefahrt eines neuen Kreuzfahrtschiffes in der Nordsee mit zahlreichen Tests an Bord und einer anschließenden Abnahmeparty mit Presse und Prominenz).

Die Abnahme von Dienstleistungsprojekten sieht naturgemäß anders aus und ist abhängig von der Art der erbrachten Dienstleistung. Beispielsweise würde der Auftraggeber eines Kongresses kurz vor Kongressbeginn bestimmte Teilleistungen abnehmen (z. B. Bühne, Beleuchtung, Stromversorgung, technische Ausstattung auf allen Gebäudeebenen, Bestuhlung der Räume usw.).

1.2 Was jetzt zu tun ist

Gestalten des Abnahmekonzepts

Zunächst ist ein Abnahmekonzept zu erstellen, welches folgende Fragen beantwortet:

- In welchem Rahmen soll die Abnahmeveranstaltung stattfinden?
- Wo und wie soll die Abnahme stattfinden?
- Wer vertritt den Auftragnehmer bei der Endkontrolle?
- Wie soll die Endkontrolle (Tests, Inspektionen usw.) genau aussehen?
- Was muss vor Ort bereitstehen (Testvorrichtungen, Schutzhelme usw.)?
- Welche Dokumente (Manuale, Schaltpläne usw.) muss der Auftraggeber erhalten?
- Ist das Abnahmeprotokoll (samt Nachbesserungsliste) vorbereitet und wer führt Protokoll?
- Sollen Einweisungen, Schulungen, Führungen durchgeführt werden – wenn ja: wann und wie?
- Sollen externe Gäste (Politik, Presse oder andere Stakeholder) dabei sein?
- Gibt es eine feierliche Rahmenveranstaltung (Catering, Musik usw.)?

Verteilen der Vorbereitungsaufgaben

Auf Grundlage des Abnahmekonzepts sind einige Aufgaben zur Vorbereitung der Endabnahme zu verteilen. Mithilfe der Checkliste „Vorbereitung der Endabnahme“ lässt sich überprüfen, ob alles bedacht wurde:

Checkliste: Vorbereitung Endabnahme

- Sind alle Maßnahmen und Vorrichtungen für die Endkontrolle vorbereitet?
- Sind die entsprechenden Räumlichkeiten reserviert?
- Liegt ein Ablaufplan vor?
- Liegen alle zu übergebenden Dokumente vor?
- Ist das Abnahmeprotokoll (mit einer Nachbesserungsliste) vorbereitet?

- Sind Einweisungs- bzw. Schulungsmaßnahmen vorbereitet?
- Ist das Rahmenprogramm (Catering, Musik usw.) vorbereitet?
- Sind Aufräumarbeiten organisiert?
- Sind alle Einladungen verschickt?

Abb. B_55: Checkliste: Vorbereitung Endabnahme

Durchführen der Endabnahme

Ist die Endabnahme gut vorbereitet, so kann die Projektleitung sich vor allem der Kontaktpflege gegenüber Auftraggeber, Prominenz, Presse und ggf. anderen bedeutsamen Stakeholdern widmen. Die Durchführung der einzelnen Aktivitäten vor Ort wird in aller Regel an entsprechende Fachleute delegiert.

Im Mittelpunkt der Veranstaltungen steht die Endkontrolle des Projektergebnisses (Tests, Inspektionen usw.), welche gewöhnlich gemeinsam mit dem Kunden durchgeführt wird. Die Prüfung, ob alle Kundenanforderungen erfüllt wurden, nennen Fachleute die „Verifikation der Anforderungen". Der Auftragnehmer dokumentiert die Ergebnisse der Endkontrolle: Bei kleineren Projekten reicht ein einfaches **Abnahmeprotokoll** mit einer Nachbesserungsliste, in der mögliche Nachbesserungsarbeiten dokumentiert werden (z. B. Beseitigung von Rissen im Putz eines Neubaus). Bei größeren Projekten kann ein umfangreicher **Abnahmebericht** erforderlich sein.

Darüber hinaus ist die medienwirksame Dokumentation der Endabnahme ein wichtiger Baustein des Projektmarketings: Hier kann der Auftragnehmer sich und seine Leistungen auch gegenüber Dritten präsentieren und vielleicht sogar neue Projektaufträge anbahnen.

Abhängig vom Einzelfall kann hier auch eine Produkteinweisung eingeplant werden, umfangreiche Schulungen wären jedoch eher ein Arbeitspaket der Projektrealisierung. Schließlich ist es die Aufgabe der Projektleitung, die im Abnahmeprotokoll dokumentierten Nachbesserungen zu veranlassen und ihre sachgemäße Durchführung zu überprüfen.

2 Präsentieren von Projekt und Ergebnis

2.1 Was man dazu wissen sollte

Bedeutung von Präsentationsziel und Zielgruppe

Anders als bei fachlichen Präsentationen, bei denen das Thema im Mittelpunkt steht, liegt der Fokus bei Projektpräsentationen auf dem Präsentationsziel und der Zielgruppe: Die Leitfrage lautet: *„Was will ich bei wem erreichen?"* Denn es gibt, wie wir gesehen haben, rund um das Projekt zahlreiche Interessengruppen mit ganz unterschiedlichen Wünschen und Erwartungen. Werden diese nicht erfüllt, leidet das Image des Projekts – und zwar selbst dann, wenn es erfolgreich war. Typische Beispiele für Zielgruppen mit spezifischen Erwartungen an eine Projektpräsentation sind:

Zielgruppe	Erwartung
Lehrende	ausführliche und gut strukturierte Darstellung von Inhalten
Anwender/-innen	detaillierte Präsentation des Produkts und seiner Funktionen, um damit arbeiten zu können
Unternehmensleitung Auftraggeber	kurze Präsentation des Projektergebnisses und seiner Vorzüge (hat wenig Zeit)
Eigene Unternehmensleitung	kurze Präsentation des wirtschaftlichen Erfolgs (hat auch wenig Zeit)
Andere Projektteams im Betrieb	handfeste Erkenntnisse („Lessons Learned") und Empfehlungen für deren Projektarbeit
Presse	konkrete Informationen über den gesellschaftlichen Nutzen und ethische Aspekte des Projekts
Eigenes Projektteam	Feedback des Auftraggebers und anerkennende Worte

Abb. B_56: Projektpräsentation: Zielgruppen und ihre Erwartungen

Diese unvollständige Liste macht deutlich, dass bei den einzelnen Zielgruppen ganz unterschiedliche Präsentationsziele verfolgt werden müssen. Aus dem Präsentationsziel werden dann das Thema, die Gliederung und die Präsentationsinhalte abgeleitet.

Darüber hinaus ist zu bedenken, dass Projektpräsentationen eine große Chance sind, das eigene Projekt und sich selbst gut zu verkaufen. Frei nach der Devise *„Tue Gutes und rede darüber"* ist die Projektpräsentation ein wichtiger Bestandteil des Projektmarketings und auch eine weitere Sprosse auf der eigenen Karriereleiter. Denn einerseits sind Karrierewege in vielen Unternehmen an Präsentationen geknüpft und andererseits präsentiert man häufig vor Vorgesetzten, die über die weitere Karriere entscheiden.

Zeitpunkte von Abschlusspräsentationen

- In **Schul- und Hochschulprojekten** findet die Projektpräsentation gewöhnlich im Anschluss an die Abnahme des Projektergebnisses statt. Ebenso kann die Projektpräsentation das eigentliche Projektergebnis sein und damit eine Produktabnahme ersetzen.
- In der **betrieblichen Praxis** wird das Projektergebnis im Rahmen der Abnahme oder in anschließenden Einweisungen oder Produktschulungen präsentiert. Die Präsentation von Ablauf und Erfolg des Projekts kann frühestens nach der Projektauswertung (Kapitel *B V 3*) erfolgen, im Idealfall zu Beginn der Abschlussbesprechung im Team (Kapitel *B V 4*).

2.2 Was jetzt zu tun ist

Vorbereiten der Präsentation

Der Erfolg einer Präsentation ist in erster Linie abhängig von einer sorgfältigen Vorbereitung. Die wichtigsten Vorbereitungsmaßnahmen sind:

Checkliste: Präsentationsvorbereitung

Klären inhaltlicher Zielvorgaben

- Zielgruppe: Erwartungen, Vorkenntnisse, Meinungen, Interessen?
- Präsentationsziel: Was genau will ich mit der Präsentation erreichen?
- Zeitrahmen: Wie lange habe ich Zeit?

Erstellen der Folien

- Erstellen der Titelfolie mit Thema und Name
- Ableiten der Gliederung aus dem Präsentationsziel
- Gestalten anschaulicher Folien: Diagramme, Grafiken und Fotos vor Texten
- Kontrollieren von Lesbarkeit und Rechtschreibung
- Abspeichern in einem kompatiblen Dateiformat und zusätzlich als PDF

Anfertigen der Karteikarte „Einleitung"

- Begrüßungsformel: Startschuss und offizieller Einstieg
- Vorstellung: Name und Rolle (z. B. *„Ich war Leiter/-in des Projekts."*)
- Thema (ggf. mit Abgrenzung und Schwerpunktsetzung)
- Einstimmung: Interesse wecken – hier ist Kreativität gefragt!

Anfertigen der Karteikarte „Schlussteil"

- abhängig vom Präsentationsziel: Fazit, Appell, Ausblick oder Zusammenfassung
- Fragenteil: Das Publikum aktiv zu Fragen ermutigen
- Dank für Aufmerksamkeit und Verabschiedung

Treffen organisatorischer Vorbereitungen

- Klären von Gebäude, Raum und Uhrzeit
- Klären der Technik (Beamer, Laptop, Kabel, Passworte, Softwareversion usw.)
- Vorbereiten des Raumes (Verdunkelung, Bestuhlung, Catering)
- Erstellen und Versenden von Einladungen (ggf. mit Wegbeschreibung)

Abb. B_57: Checkliste: Präsentationsvorbereitung

Durchführen der Präsentation

Heute weiß man, dass **nonverbale Kommunikation** ein wichtiger Erfolgsfaktor der Kommunikation ist. Das Publikum nimmt bewusst und auch unbewusst viele Botschaften des oder der Vortragenden wahr, welche gar nicht in Worten ausgesprochen, sondern durch Blickkontakt, Körperhaltung, Gestik und Mimik ausgesendet werden. An dieser Stelle sei empfohlen:

- **Kleidung:** Angemessene Kleidung ist ein Ausdruck von Respekt gegenüber dem Publikum. Es müssen nicht immer Anzug und Kostüm sein, aber zerrissene Kleidung, Bomberjacken und Käppis signalisieren Unsicherheit und mangelnden Respekt.
- **Blickkontakt:** Leonardo da Vinci bezeichnete die Augen als *Fenster zur Seele*. Blickkontakt zum Publikum ist ein entscheidender Faktor für den Präsentationserfolg. Viele Rednerinnen und Redner vermeiden den Blickkontakt, indem sie bevorzugt an die Leinwand, auf ihren Monitor oder auf ihre Karteikarten sehen. Das aber führt dazu, dass der Kontakt zum Publikum abreißt: Diese Rednerinnen und Redner wirken unglaubwürdig, werden nicht ernst genommen und verlieren die Aufmerksamkeit des Publikums.
- **Körperhaltung:** Während der Präsentation sollte die Rednerin bzw. der Redner eine aufrechte Körperhaltung (mit angemessener Körperspannung, nicht übertrieben militärisch) einnehmen. Dabei sollte er bzw. sie sich dem Publikum zuwenden und in Ruhestellung einen Fußabstand von etwa 15 cm einhalten.
- **Gestik:** Die Arme sollten nicht kraftlos herunterhängen (unterhalb der Gürtellinie spricht man von der Negativzone), sondern angewinkelt zwischen Brust und Gürtellinie verbleiben und im Idealfall das gesprochene Wort gestisch untermalen. Das Halten eines Stiftes (Achtung: nicht Klicken!) oder einer kleinen Karteikarte kann dabei behilflich sein. Die Hände sollten nicht in die Hosentaschen gesteckt und die Arme nicht verschränkt werden.
- **Mimik:** Rednerinnen und Redner vor Publikum machen, ob sie es wollen oder nicht, öffentlich Stimmung. Ein freundliches (aber nicht maskenhaftes) Lächeln stimmt das Publikum freundlich ein und erhöht deutlich die Akzeptanz, die Präsentationsinhalte aufzunehmen.

Hinsichtlich der **verbalen Kommunikation**, also des gesprochenen Wortes, sollten Vortragende folgende Aspekte beachten:

- **Lautstärke:** Die Präsentation muss laut und deutlich vorgetragen werden. Die Rednerin bzw. der Redner sollte die letzte Reihe vor Beginn des Vortrags fragen, ob er gut zu verstehen ist.
- **Sprechtempo:** Ungeübte Rednerinnen und Redner sprechen oftmals zu schnell. Das führt dazu, dass das Publikum schon bald nicht mehr folgen kann. Wer aber langsam spricht und gelegentlich einen Schluck Wasser trinkt, gönnt nicht nur dem Publikum, sondern auch sich selbst mehr Zeit und erreicht damit eine Win-win-Situation. Es gilt: *„In der Ruhe liegt die Kraft."*
- **Vier Verständlichmacher:** Der Hamburger Kommunikationspsychologe Friedemann Schulz von Thun hat die berühmten „vier Verständlichmacher" entwickelt. Diese sind: *Einfachheit* (keine Fachbegriffe), *Struktur* (logische Gliederung), *Kürze* (nur die Kernaussagen) und *Stimulanz* (Anregen durch anschauliche Beispiele oder Vergleiche von Zahlen).
- **Sonstiges:** Füllwörter wie „äh", „ähm", „halt" fallen früher oder später auf und verleiten das Publikum dazu, mitzuzählen, statt zuzuhören.

3 Auswerten des Projekts

3.1 Was man dazu wissen sollte

Begriff

Unter Projektauswertung versteht man im weitesten Sinne die Sammlung, Strukturierung, Berechnung, grafische Darstellung, Analyse und Bewertung relevanter Daten rund um das Projekt. Eine wichtige Rolle spielen dabei Abweichungsanalysen, bei denen die Plandaten den Ist-Daten gegenübergestellt werden (Soll-Ist-Analysen). Die Projektauswertung ist gewöhnlich Aufgabe der Projektleitung.

Lessons Learned – Teil 1

Die Projektauswertung ist der erste Schritt der sogenannten Erfahrungssicherung („Lessons Learned"). Der zweite Schritt der Erfahrungssicherung ist die Abschlussbesprechung mit dem Projektteam (nächstes Teilkapitel) und der dritte Schritt ist der Abschlussbericht (übernächstes Teilkapitel). Diese drei Schritte der Erfahrungssicherung sind eine große Lernchance für die Projektleitung und das Projektteam. Sogar gescheiterte Projekte können wertvolle Erfahrungen für zukünftige Projekte liefern. Leider kommt eine systematische Erfahrungssicherung im betrieblichen Alltag oft zu kurz.

3.2 Was jetzt zu tun ist

Befragen von Kunde und Team

Zunächst sind sowohl der Auftraggeber (Kunde) als auch das Projektteam hinsichtlich ihrer Zufriedenheit zum Projektverlauf zu befragen. Beide Stakeholdergruppen können ein wertvolles Feedback für die Verbesserung zukünftiger Projekte liefern. Das betrifft sowohl die Sach- als auch die Beziehungsebene. Da aber der Kunde und das Team das Projekt aus unterschiedlichen Perspektiven erlebt haben, sollten zwei unterschiedliche Feedbackbögen konzipiert werden. Dabei ist darauf zu achten, dass diese nicht länger sind als eine Seite und dass die Fragen so gestellt sind, dass tatsächlich wertvolle Hinweise erwartet werden können. Dabei sind ggf. betriebliche Datenschutzbestimmungen zu beachten.

Ermitteln von Kennzahlen

Kennzahlen drücken komplexe Sachverhalte in einer einfachen Zahl aus. Dabei ist zwischen absoluten Kennzahlen und relativen Kennzahlen zu unterscheiden: Absolute Kennzahlen sind Summen, Differenzen oder Durchschnittswerte (z. B. Projektkosten, Umsatzerlöse, Arbeitsstunden). Relative Kennzahlen setzen immer zwei Größen ins Verhältnis und werden in der Regel als Prozentwert angegeben:

Relative Kennzahlen	
Kennzahl in Prozent	**Berechnung**
Erfüllungsgrad	$\frac{\text{erfüllte Anforderungen}}{\text{vereinbarte Anforderungen}} \cdot 100$
Planabweichung	$\frac{\text{Ist-Wert – Planwert}}{\text{Planwert}} \cdot 100$
Rentabilität (ROI)	$\frac{\text{Gewinn}}{\text{durchschnittlich investiertes Kapital}} \cdot 100$
Zeitanteil Arbeitspaket „X“	$\frac{\text{Dauer Arbeitspaket „X“}}{\text{Projektdauer}} \cdot 100$
Kostenanteil Arbeitspaket „X“	$\frac{\text{Kosten des Arbeitspakets „X“}}{\text{Gesamte Projektkosten}} \cdot 100$
Mitarbeiteranteil Arbeitspaket „X“	$\frac{\text{Anzahl Mitarbeiter/-innen Arbeitspaket „X“}}{\text{Anzahl Projektmitarbeiter/-innen}} \cdot 100$
Fehlerquote	$\frac{\text{Anzahl fehlerhafter Teile}}{\text{Anzahl Gesamtteile}} \cdot 100$

Abb. B_58: Projekt-Kennzahlen

Visualisieren der Ergebnisse

Die Ergebnisse der Auswertung sollten in Form anschaulicher Diagramme visualisiert werden. Diese haben stets eine größere Wirkung bzw. eine höhere Überzeugungskraft in Diskussionen als nackte Zahlen oder Zahlenkolonnen in Tabellen. Im vorliegenden Beispiel werden exemplarisch Plankosten (Soll) den tatsächlich angefallenen Kosten (Ist) gegenübergestellt:

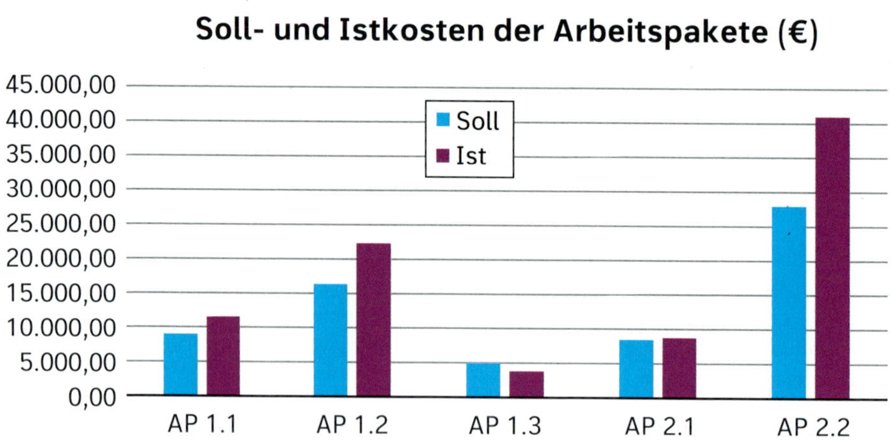

Abb. B_59: Soll-Ist-Auswertung: Kosten von Arbeitspaketen

4 Leiten der Abschlussbesprechung

4.1 Was man dazu wissen sollte

Arten von Abschlussbesprechungen

Es gibt unterschiedliche Arten von Abschlussbesprechungen: Als wichtigste Abschlussbesprechung gilt die teaminterne Abschlussbesprechung. Daneben können Abschlussbesprechungen auch mit der Unternehmensleitung, dem Auftraggeber, wichtigen Zulieferererbetrieben, Beraterinnen und Beratern und anderen Stakeholdern durchgeführt werden. Im Folgenden betrachten wir ausschließlich die interne Abschlussbesprechung im Projektteam.

Lessons Learned – Teil 2

Ziel der teaminternen Abschlussbesprechung sind die Erfahrungssicherung und die Ableitung von Empfehlungen für zukünftige Projekte. Die teaminterne Abschlussbesprechung bietet die große Chance, das Projekt noch einmal aus Sicht der einzelnen Teammitglieder zu betrachten. Die Herausforderung für die Projektleitung besteht darin, die Teammitglieder zu einer offenen und ehrlichen Aussprache zu motivieren. Denn diese bleiben in solchen Besprechungen nicht selten stumm wie die Fische – sei es aus Angst vor beruflichen Nachteilen oder um andere Teammitglieder nicht bloßzustellen. Grundsätzlich gilt: Je größer die Runde, desto geringer ist die Bereitschaft, Probleme ehrlich beim Namen zu nennen und eigene Fehler zuzugeben. Die Abschlussbesprechung sollte zudem nicht zu spät im Projekt terminiert werden, damit alle Teammitglieder noch greifbar sind.

4.2 Was jetzt zu tun ist

Vorbereiten der Abschlussbesprechung

Zunächst ist die Tagesordnung festzulegen, die folgendermaßen aussehen kann:

Checkliste: Abschlussbesprechung

- 1 Begrüßung
- 2 Protokollführung
- 3 Ziel der Sitzung: Erfahrungssicherung
- 4 Einstiegspräsentation: Projektauswertung
- 5 Gemeinsame Reflexion
- 5.1 Was war gut?
- 5.2 Was können wir verbessern?
- 6 To-dos: Umgang mit Verbesserungsvorschlägen
- 7 Verschiedenes

Abb. B_60: Checkliste: Abschlussbesprechung

In einem zweiten Schritt ist die Einstiegspräsentation mit den Kernergebnissen der Projektauswertung (TOP 4) zu erstellen. Sie dient als Impuls für eine lebendige Reflexionsrunde und kann folgendermaßen aufgebaut werden:

- **1 Soll-Ist-Abweichungen:** Sach-, Termin- und Kostenziele
- **2 Ergebnisse der Kundenbefragung:** Was hat der Kunde gesagt?
- **3 Ergebnisse der Teambefragung:** Was habt ihr gesagt?

Die Präsentation ist so plakativ und anschaulich wie möglich zu gestalten: Alle Kernaussagen sollten in Form anschaulicher Diagramme visualisiert werden. Je plakativer die Aussagen dargestellt werden, desto größer ist die Bereitschaft der Teilnehmerinnen und Teilnehmer, sich in der anschließenden Reflexion zu Wort zu melden, denn gute Grafiken lösen die Zunge. Die Diagramme (und ggf. auch die Feedbackregeln) können zusätzlich auf einem Handout zusammengestellt und zum Sitzungsbeginn an die Anwesenden ausgeteilt werden.

Dann ist die Reflexion des Projekts („Manöverkritik") vorzubereiten. Dabei geht es um die Fragen, was im Projektverlauf gut war und beibehalten werden sollte und was sich nicht bewährt hat und verbessert werden sollte. Die Frage *„Was war schlecht?"* ist nicht ungefährlich, denn sie kann dazu führen, dass verärgerte Teammitglieder die Stimmung gänzlich herunterziehen – selbst dann, wenn das Projekt erfolgreich war. Mit der Frage *„Was können wir verbessern?"* wird die Diskussion in eine konstruktive Richtung gelenkt. Im Idealfall endet die Reflexionsveranstaltung mit einem Katalog konkreter Empfehlungen und Verbesserungsvorschläge.

Schließlich ist ein geeigneter Sitzungsraum zu organisieren. Dieser sollte eine angenehme Atmosphäre bieten und vor Störungen aller Art (z. B. Straßen- und Baulärm) schützen. Ideal ist übrigens ein gemeinsamer Ausflug in ein Tagungshotel in schöner Lage.

Durchführen der Abschlussbesprechung

Nach der Begrüßung und der Ernennung der Protokollführung sollte die Projektleitung noch einmal das Besprechungsziel der Erfahrungssicherung in Erinnerung rufen und dem Team die Bedeutung dieses Ziels verdeutlichen.

Dann präsentiert die Projektleitung die Ergebnisse der Projektauswertung. Dabei ist ein sachlicher und freundlicher Vortragsstil angeraten, denn jetzt geht es nicht darum, Dampf abzulassen, sondern Bewusstsein zu schaffen und eine konstruktive Diskussion anzuregen.

Anschließend beginnt die Reflexion des Projekts, die den Hauptteil der Besprechung darstellt. Sie kann mit einer Erinnerung an die Feedbackregeln (Teilkapitel *B IV 1 Führen und Motivieren des Projektteams*) beginnen. Dabei ist die Regel *„Feedback nur anhören"* insbesondere für die Projektleitung von größter Wichtigkeit. Schließlich soll das Team ja ermutigt werden, Schwachstellen aufzudecken und Kritik zu üben. Versuche der Rechtfertigung oder der Zurückweisung von Beiträgen durch die Projektleitung können dabei wertvolle Impulse ersticken. Oberstes Ziel ist die Überführung von Kritik in konstruktive Verbesserungsvorschläge.

Alle Verbesserungsvorschläge werden dokumentiert und entsprechende To-dos verteilt. Dabei ist zu entscheiden, welche Inhalte in den offiziellen Abschlussbericht übernommen werden sollen und welche nicht, denn dieser wird auch von der Unternehmensleitung gelesen. Sofern es ein betriebsinternes Projekthandbuch (Projektleitfaden) gibt, sollten die Verbesserungsvorschläge dort eingearbeitet werden. Ein Beispiel für so ein Projekthandbuch halten Sie übrigens gerade in der Hand.

Unter Verschiedenes (oder zu einem späteren Zeitpunkt) sollte auch über die Teamauflösung gesprochen werden. Können die Teammitglieder in andere Projekte oder zurück in die Linie? Gegebenenfalls sind zum jetzigen Zeitpunkt lediglich Besprechungstermine mit Teammitgliedern zu vereinbaren, die sich um ihre Zukunft Sorgen machen.

5 Verfassen des Abschlussberichts

5.1 Was man dazu wissen sollte

Arten von Abschlussberichten

Wie bei der Abschlusspräsentation und der Abschlussbesprechung lassen sich auch beim Abschlussbericht mehrere Arten unterscheiden, denn auch hier gilt: Unterschiedliche Stakeholder wollen unterschiedliche Dinge lesen. In der betrieblichen Praxis versteht man unter dem Abschlussbericht gewöhnlich einen hausinternen Bericht, der Angaben zum Projekterfolg (vor allem den Grad der Zielerreichung und eine Nachkalkulation) sowie konkrete Verbesserungsvorschläge bzw. Empfehlungen enthält.

Lessons Learned – Teil 3

Im Idealfall stellt der Abschlussbericht den dritten und letzten Schritt der Erfahrungssicherung dar: Nun werden alle relevanten Erkenntnisse der Projektauswertung (Teilkapitel *B V 3*) und der Abschlussbesprechung (Teilkapitel *B V 4*) zusammengetragen, mit einem roten Faden versehen und gut nachvollziehbar dokumentiert. Adressaten des betrieblichen Abschlussberichts sind in aller Regel hausinterne Projektleitungen und die Unternehmensleitung.

5.2 Was jetzt zu tun ist

Klären der Eckdaten

Zunächst sind einige Eckdaten zu klären: Wer liest den Bericht? Was sind die erwarteten Hauptinhalte? Wie umfangreich soll der Bericht ausfallen? In welcher Form (Ausdruck oder PDF) ist der Bericht zu erstellen? Üblich sind ein gebundener Ausdruck und zusätzlich eine PDF-Datei. Bei digitalen Abschlussberichten ist zu beachten, dass das gesamte Dokument in einer einzigen PDF-Datei enthalten ist. Bei ausgedruckten und gebundenen Abschlussberichten ist die Anzahl der Exemplare abzustimmen. Schließlich sind Ort und Zeit der Übergabe zu klären.

Entwickeln der Gliederung

Typische Inhalte eines betriebsinternen Abschlussberichts sind:

- **Einleitung:** Einordnung bzw. Begründung des Projekts
- **Grad der Zielerreichung:** Sach-, Termin- und Kostenziele
- **Abweichungsanalysen:** Soll-Ist-Abweichungen (z. B. Nachkalkulation) und Ursachenanalyse
- **Kundenzufriedenheit:** Gemäß Kundenbefragung
- **Teamzufriedenheit:** Gemäß Teambefragung und Abschlussbesprechung
- **Empfehlungen und Verbesserungsbereiche:** Gemäß Abschlussbesprechung
- **Ansprechpartner/-innen:** Zuständigkeit und Kontaktdaten von Fachleuten

Ausarbeiten und Versenden des Abschlussberichts

Bei der Ausarbeitung des Abschlussberichts kann die Projektleitung auf die Informationen zurückgreifen, die in den vorangehenden Schritten erarbeitet wurden. Eine Checkliste hilft dabei, an alles zu denken:

Checkliste: Abschlussbericht

- Übernehmen bzw. Anpassen der Gliederung (s. o.)
- Verfassen der Texte
- Übernehmen/Gestalten aussagefähiger Grafiken und Diagramme
- Erstellen von Deckblatt und Inhaltsverzeichnis
- Vornehmen der Endkorrekturen („letzter Schliff")
- Abspeichern als Textdatei und zusätzlich als PDF-Datei
- Korrekturlesen (inhaltliche Plausibilität und Rechtschreibung)
- Ausdrucken und Binden des Abschlussberichts (in vereinbarter Anzahl)
- Versenden des Abschlussberichts mit Bitte um Empfangsbestätigung

Abb. B_61: Checkliste: Abschlussbericht

6 Organisieren der Abschlussparty

6.1 Was man dazu wissen sollte

Eine gelungene Projektabschlussparty ist ein wichtiges psychologisches Ereignis. Sie dient in erster Linie der Anerkennung der Leistung aller Teammitglieder. Schließlich haben diese über einen langen Zeitraum durchgehalten und gemeinsam ein Produkt geschaffen. Nun kann man sich noch einmal persönlich begegnen und vielleicht sogar zukünftige Vorhaben anschieben.

6.2 Was jetzt zu tun ist

Vorbereiten der Abschlussparty

Eine letzte Checkliste soll die Vorbereitung der Abschlussparty erleichtern:

Checkliste: Abschlussparty

- Ist ein Veranstaltungskonzept (Rahmen, Räumlichkeiten, Ablauf, Gäste) abgestimmt?
- Ist die Finanzierung geklärt?
- Wurde ein Termin gefunden, an dem alle dabei sein können?
- Sind die Räumlichkeiten reserviert?
- Ist das Catering geklärt?
- Ist für Musik gesorgt?
- Ist eine Rede vorbereitet?
- Sind weitere Unterhaltungsmaßnahmen gewünscht bzw. vorbereitet?
- Wurden alle Teammitglieder (und ggf. Gäste) eingeladen?

Abb. B_62: Checkliste: Abschlussparty

Durchführen der Abschlussparty

Da wir Autoren selbst über viele Jahre einige Projekte begleitet und auch geleitet haben, ahnen wir, liebe Leserin und lieber Leser, welche Höhen und Tiefen Sie in Ihrem eigenen Projekt hinter sich gebracht haben. Nun ist der Zeitpunkt gekommen, an dem Sie und Ihr Team Ihren gemeinsamen Erfolg gebührend feiern und sich gegenseitig auf die Schulter klopfen. Erst dann ist das Projekt tatsächlich abgeschlossen.

C Beispielprojekt Ripos

I Projektdefinition

1 Ausgangsproblem

Die RIPOS GmbH ist ein Hersteller hochwertiger und nachhaltiger Designermöbel aus ökologischen Werkstoffen. Zielgruppe sind vor allem umweltbewusste, private Haushalte aus dem gehobenen Segment. In den letzten Jahren ist das Unternehmen kräftig gewachsen und hat auch internationale Preise gewonnen. Die Marketingabteilung weist jedoch darauf hin, dass die Website des Unternehmens nicht mehr den Anforderungen eines modernen Marketings genügt. So hätten in der Vergangenheit immer mehr Kunden und auch Händler ein negatives Feedback zur RIPOS-Website abgegeben: Die meisten Kunden finden die Website unübersichtlich, man müsse „ewig suchen". Produktinformationen seien oft unvollständig und auch veraltet. Außerdem vermisse man anschauliche Produktpräsentationen und Inspirationen sowie eine Händlersuche. Ausländische Kunden bemängeln, dass die Seite nur in deutscher Sprache publiziert sei. Dagegen kritisieren die Händler den mangelhaften Händlerservice der RIPOS-Website: Ansprechpartnerinnen und -partner aus dem Vertrieb seien weder bekannt noch erreichbar, der Onlineeinkauf sei insgesamt zu umständlich und es wären keine PR-Materialien verfügbar. Aus Unternehmenssicht sei zu beanstanden, dass die Website weder das neue Corporate Design (CD) noch den USP (Unique Selling Proposition), also das Alleinstellungsmerkmal des Unternehmens (hochwertig, ökologisch und nachhaltig), deutlich genug herausstellt.

Marketing, Vertrieb und Geschäftsführung sind sich einig: Die RIPOS GmbH benötigt zeitnah eine neue Website. Da das erforderliche Know-how im Hause ist, soll das Vorhaben als internes Projekt realisiert werden. Die Marketingabteilung soll das Projekt koordinieren.

2 Projektziele

Grobziel

Entwicklung, Realisierung und Publikation einer neuen Website mit Händlerwebshop für den Möbelhersteller RIPOS GmbH bis zum 30. August 20..

Detailanforderungen

- Alle Gestaltungselemente der Website berücksichtigen das neue Corporate Design.
- Die Website kann in deutscher und englischer Sprache aufgerufen werden.

- Die Browser Firefox, Edge, Chrome und Safari stellen alle Funktionen der Website dar.
- Die Website erfüllt alle juristischen Anforderungen.
- Alle Besucher/-innen der Website können
  - sämtliche Produkte des Unternehmens mit einheitlich aufbereiteten Informationen (Fotos, Texten, Maßen, Angaben zu Rohstoffen und Fertigungsverfahren) aufrufen,
  - digitale Kataloge und Prospekte herunterladen,
  - Händler, die RIPOS-Möbel anbieten, in ihrer Region finden,
  - eine Online-Einrichtungsberatung vereinbaren und
  - die Philosophie des Unternehmens erfahren.
- Ein Händler-Log-in erlaubt nur für Händler einen Zugang
  - zu einem leicht bedienbaren B2B-Onlineshop,
  - zu den AGB und der Rabattstaffel,
  - zu aktuellen Händlernews,
  - zu den Kontaktdaten des Vertriebspersonals (mit Foto)
  - zu PR-Material für den Download (Unternehmenslogo, Testberichte, Presseartikel usw.).
- 80 % aller Besucher/-innen der Seite
  - können nach dem Besuch der Website den USP des Unternehmens (hochwertige, nachhaltige und ökologische Produkte) erinnern,
  - beurteilen die Website insgesamt als übersichtlich, anregend und informativ,
  - finden alle gesuchten Informationen innerhalb von fünf Sekunden,
  - können sich innerhalb von drei Minuten registrieren (nur Händler),
  - können einen Onlinekauf innerhalb von zwei Minuten abschließen (nur Händler).
- 80 % des Vertriebspersonals bestätigen, dass die Website leicht zu pflegen ist.

Lieferungen und Leistungen

- Ausarbeitung und Abstimmung eines aussagefähigen Detailkonzepts
- Realisierung der Website auf Grundlage des Detailkonzepts
- Test und Upload der Website
- Einweisung des Vertriebspersonals
- Veröffentlichung und fünftägige Betreuung im Geschäftsbetrieb

Meilensteine

- Vorstellung des Detailkonzepts gegenüber der Geschäftsführung: 8. Juli 20..
- Abnahme der Website durch die Geschäftsführung: 22. August 20..

3 Lösungskonzept

Startseite

Seitenstruktur

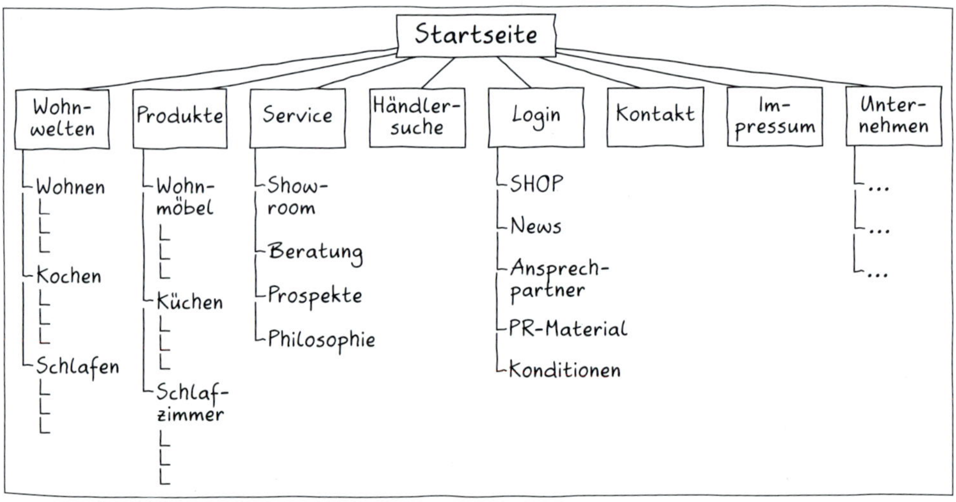

Abb. C_01: Entwurfszeichnungen des ausgewählten Lösungskonzepts

4 Risiko- und Stakeholderanalyse

Risikoanalyse

Risikoanalyse						
Nr.	**Risiko**	**Risikoursache**	**Schadensausmaß (€)**	**Eintrittswahrscheinlichkeit (%)**	**Risikobewertung (€)**	**Maßnahme**
1	Die Seite funktioniert nicht auf jedem Browser/Endgerät.	Inkompatibilitäten der Softwarecodes, veraltete Versionen	12.000,00	50 %	6.000,00	Test aller Funktionen auf allen Browsern, Code anpassen
2	Serverausfall (Breakdown)	Die Hardware des Dienstleisters ist nicht ausreichend dimensioniert.	75.000,00	10 %	7.500,00	Redundantes Serversystem vereinbaren
3	Ausfall wichtiger Projektmitarbeiter/-innen	Krankheit, Urlaub	6.000,00	15 %	900,00	Urlaubssperre im Projektzeitraum, personellen Ersatz sichern
n	...	...	...	...	...	...

Abb. C_02: Risikoanalyse

Stakeholderanalyse

Stakeholderanalyse						
Stakeholder	**Interesse**	**Einstellung**	**Betroffenheit**	**Einfluss/Macht**	**Priorität**	**Maßnahmen**
Vertriebspersonal	Einfache Bedienung und Pflege	+	hoch	gering	hoch	Schulungen, einfache Benutzerführung, Bedienungsanleitung
IT-Personal	Kompatibilität mit vorhandener Unternehmenssoftware	+	hoch	hoch	hoch	Analyse der Herstellerunterlagen, Tests
Betriebsrat	Vermeiden von projektbedingter Mehrarbeit und Rationalisierung	–	hoch	gering	gering	Überzeugungsarbeit leisten
Geschäftsführung	hohe Rentabilität (ROI)	+	gering	hoch	hoch	aktives Kostenmanagement, Erfüllung aller Anforderungen
...	...	...	...	...	...	...

Abb. C_03: Stakeholderanalyse

5 Projektauftrag

Projektauftrag	
Projektname:	Relaunch RIPOS-Website & -Shop
Projektleitung:	Angela Seger
Projektanlass:	Zunehmende Kritik an der bisherigen RIPOS-Website: - Kunden: Mängel in der Übersichtlichkeit, der Einheitlichkeit, der Anschaulichkeit, der Aktualität, fehlende Möglichkeit einer Händlersuche, fehlende englischsprachige Variante - Händler: mangelhafter Händlerservice: umständlicher Onlineeinkauf, kein Kontakt zum Vertrieb, kein PR-Material - Marketing: CD und USP werden unzureichend berücksichtigt
Projektziele:	Planung, Erstellung und Publikation einer neuen Website mit integriertem Onlineshop für die RIPOS GmbH
Detailanforderungen:	siehe Anlagen
Lieferungen und Leistungen:	- Ausarbeitung und Abstimmung eines aussagefähigen Detailkonzepts - Entwicklung und Programmierung der Website auf Grundlage des Detailkonzepts - Beschaffung und Einbettung sämtlicher Informationen in die Website - Test und Upload der Website - Einweisung der Vertriebsmitarbeiter/-innen - Veröffentlichung und fünftägige Betreuung im Geschäftsbetrieb
Projektbudget:	73.350,00 €
Randbedingungen:	- Geltendes Internetrecht ist zu berücksichtigen. - Bis zur Publikation der neuen Website bleibt die alte Website online.
Mitwirkungsleistungen:	- Das hauseigene Studio kann genutzt werden. - Die Hard- und Software des Unternehmens können genutzt werden. - Alle Mitarbeiter/-innen des Unternehmens können einbezogen werden.
Termine und Meilensteine:	- Vorstellung Detailkonzept: 8. Juli 20.. - Abnahme Website & Shop: 28. August 20.. - Abnahme online: 29. August 20..
Unterschriften:	Auftraggeber Auftragnehmer

Abb. C_04: Projektauftrag

Anlagen

- Katalog mit Detailanforderungen
- Entwürfe

II Projektplanung

1 Arbeitspakete

- **Feinabstimmung Inhalte:** Die vorgesehenen Inhalte der neuen Website müssen konkretisiert und aufeinander abgestimmt werden. Dabei ist die neue Corporate Identity (CI, hier: Corporate Communication) zu berücksichtigen.
- **Design & Standards:** Das Design der Seiten auf allen Ebenen muss definiert und entsprechende Standards (Zeichentyp und -größe, Farbwahl usw.) müssen festgelegt werden. Dabei ist die neue CI (hier: Corporate Design) zu berücksichtigen.
- **Überarbeitung Detailkonzept:** Im Anschluss an die Präsentation des Detailkonzepts gegenüber dem Auftraggeber (Meilenstein) werden dessen Änderungswünsche eingearbeitet.
- **Foto & Video:** Fotografieren und Filmen der Produkte und Arrangements, Nachbearbeiten der Rohmaterialien.
- **Grafiken:** Die geplanten Grafiken gemäß Detailkonzept (z. B. Schaltflächen) sind technisch umzusetzen und in einem strukturierten Ordner zu hinterlegen.
- **Effekte:** Die geplanten Effekte gemäß Detailkonzept (z. B. Überblendungen) sind technisch umzusetzen und in einem strukturierten Ordner zu hinterlegen.
- **Informationsbeschaffung:** Sämtliche Informationen für alle Seiteninhalte gemäß Detailkonzept sind zu beschaffen und in einem strukturierten Ordner zu hinterlegen.
- **Texte:** Alle Texte sind zu verfassen und in einem strukturierten Ordner zu hinterlegen. Alle Texte werden von drei Vertriebsmitarbeitern/Vertriebsmitarbeiterinnen gegengelesen.
- **Übersetzung:** Alle Texte sind in englische Sprache zu übersetzen und in einem strukturierten Ordner zu hinterlegen. Alle Texte werden von drei Vertriebsmitarbeitern/Vertriebsmitarbeiterinnen gegengelesen.
- **Installation & Vorbereitung:** Die erforderliche Software muss beschafft, installiert und vorbereitet werden. Möglicherweise sind Produktschulungen erforderlich.
- **Einstellungen:** Für den Betrieb des Shops sind alle erforderlichen Grundeinstellungen (Artikel je Seite, Versand- und Bezahlungsarten usw.) vorzunehmen.
- **Templates:** Für alle Seitenebenen sind entsprechende Templates (einheitliche Vorlagen bzw. Schablonen mit Platzhaltern) zu entwickeln.
- **Dateneingabe:** Alle Daten (Produktdaten, Kundendaten usw.) sind einzugeben.
- **Seitenprogrammierung:** Die Seitenstruktur ist zu programmieren, dabei sind noch zu ergänzende Unterseiten zu berücksichtigen.
- **Integration & Test:** Alle Elemente werden integriert und alle Funktionen getestet.
- **Einweisung Anwender/-innen:** Die Mitarbeiter/-innen aus Marketing und Vertrieb werden in die Pflege von Wartung und Shop eingewiesen, dazu ist ein Manual zu erstellen.
- **Bereitstellung Server:** Geeignete Dienstleister werden hinsichtlich Qualität, Service, Preisen und Konditionen usw. verglichen und ein Serverplatz wird vertraglich gesichert.

- **Upload & Test:** Die Seite wird auf den Server hochgeladen und es werden noch einmal online alle Funktionen getestet.
- **Go Live & Support:** Die alte Website wird abgeschaltet und die neue freigeschaltet, dabei betreut das Entwicklerteam den Betrieb der ersten Tage.

2 Projektstrukturplan

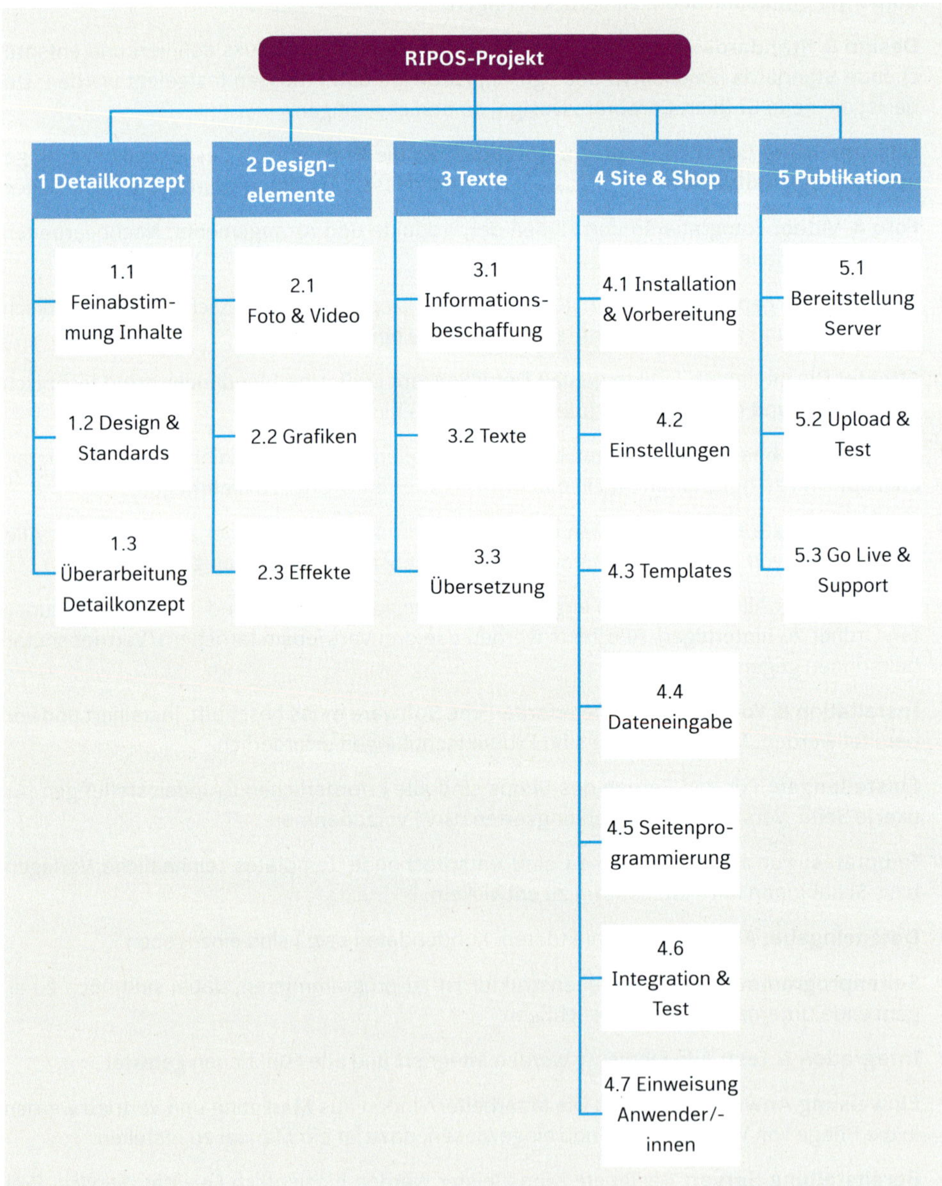

Abb. C_05: Projektstrukturplan

3 Arbeitspaketbeschreibung

<table>
<tr><th colspan="2">Arbeitspaketbeschreibung</th></tr>
<tr><td>Projekt: Relaunch RIPOS-Website & -Shop</td><td>AP-Nr.: 2.1</td></tr>
<tr><td>AP-Bezeichnung: Foto & Video</td><td>AP-Leitung: Frau Hustedt</td></tr>
<tr><td colspan="2">AP-Ergebnis (oder: Was genau soll bei diesem AP herauskommen?)</td></tr>
<tr><td colspan="2">▪ Alle Fotos gemäß Detailkonzept liegen fertig bearbeitet vor im Ordner „60 FOTOS“.
▪ Alle Videos gemäß Detailkonzept liegen fertig bearbeitet vor im Ordner „70 VIDEOS“.</td></tr>
<tr><td colspan="2">AP-Aktivitäten: (oder: Was genau muss in diesem AP erledigt werden?)</td></tr>
<tr><td colspan="2">▪ Ausarbeiten eines Medienkonzepts (Detailvorgaben zu Fotos und Videos)
▪ Reservieren der Objekte, der Deko und des Studios
▪ Beschaffen der Hard- und Software für Foto & Video
▪ Transport und Aufbau der Objekte
▪ Fotografieren und Filmen der Objekte
▪ Abbau und Rücktransport der Objekte
▪ Nachbearbeiten des Rohmaterials (Schnitt, Vertonung usw.)</td></tr>
<tr><td colspan="2">AP-Voraussetzungen (oder: Was genau benötigen wir zur Bearbeitung dieses AP?)</td></tr>
<tr><td colspan="2">▪ Detailkonzept (Arbeitspaketergebnis 1.3)
▪ Genehmigungen (...)
▪ Kamera mit Zubehör (Stativ und Beleuchtungsset)
▪ Studio, Objekte und Deko
▪ Computer (vorhanden)
▪ Bearbeitungssoftware (für Foto & Video)</td></tr>
<tr><td>Unterschrift
AP-Leitung</td><td>Unterschrift
Projektleitung</td></tr>
<tr><td colspan="2">Unterschrift Projektleitung bei Ergebnisabnahme:</td></tr>
</table>

Abb. C_06: Arbeitspaketbeschreibung

4 Zeitplan: Balken- und Netzplan

Balkenplan mit Meilensteinen

Vorgangsliste

Nr.	Vorgangsname	Dauer (Tage)	Vorgänger
1	Feinabstimmung Inhalte	4	
2	Design & Standards	4	1
3	Vorstellung Detailkonzept	0	2
4	Überarbeitung Detailkonzept	3	3
5	Foto & Video	6	4
6	Grafiken	4	5
7	Effekte	3	6
8	Informationsbeschaffung	12	4
9	Texte	10	8
10	Übersetzung	3	9
11	Installation & Vorbereitung	2	4
12	Einstellungen	2	11
13	Templates	7	7; 10; 11
14	Dateneingabe	7	12; 13
15	Seitenprogrammierung	5	7; 10; 11
16	Integration & Test	2	14; 15
17	Einweisung Anwender/-innen	1	16
18	Bereitstellung Server	5	4
19	Upload & Test	1	16; 18
20	Abnahme	0	17;19
21	Go Live & Support	5	20

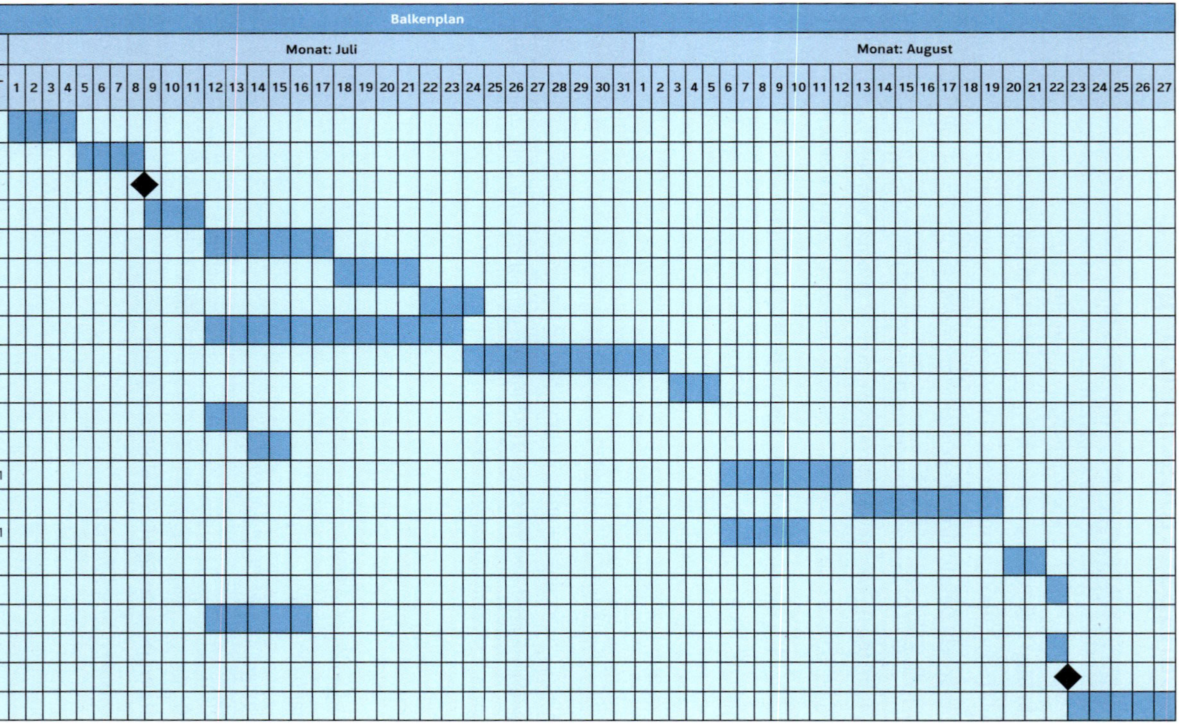

Abb. C_07: Zeitplan als Balkenplan

Netzplan

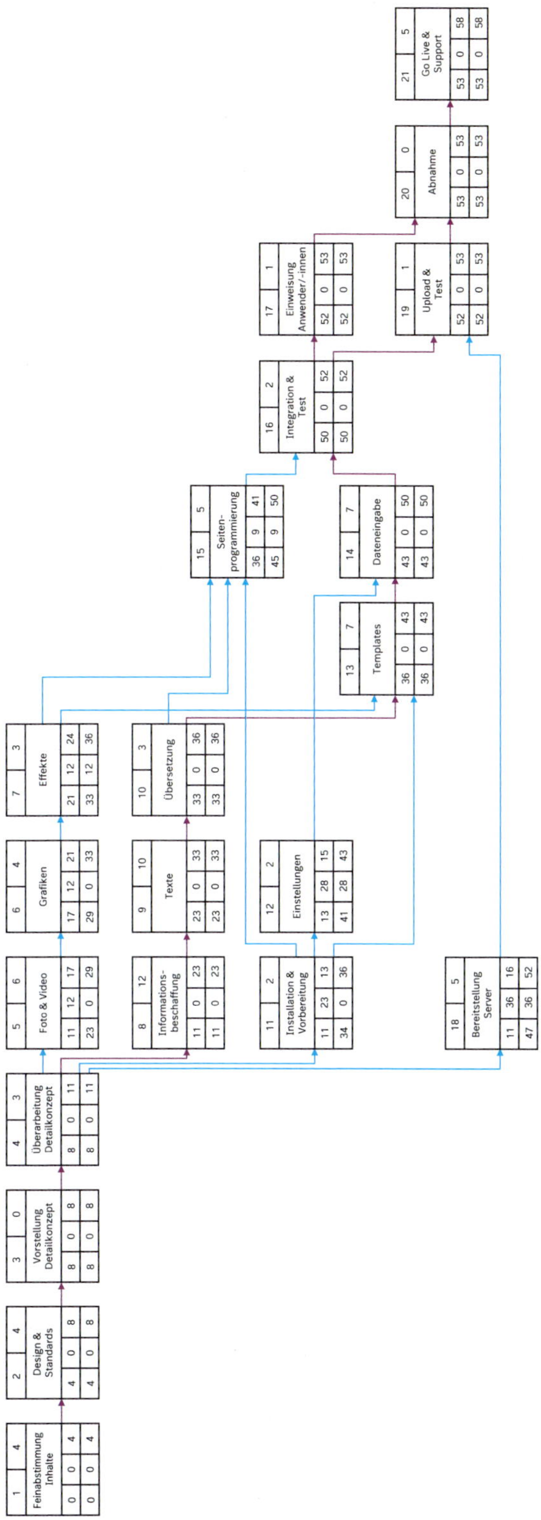

Abb. C_08: Zeitplan als Netzplan

5 Ressourcen- und Kostenplan

Ressourcen- und Kostenplan: RIPOS-Projekt											
		Personalressourcen				Sachressourcen					Projektkosten (€)
Arbeits-paket-nummer	Arbeit-paketname	Mitar-beiter/innen	Stun-den	Stunden-lohn (€)	Personal-kosten (€)	Sachmittel, Material	Einheit	Menge	Preis/Einheit (€)	Sach-kosten (€)	
...	...	...	...	...	...	...	...	...	...	...	...
2.1	Foto & Video	Hustedt	48	58,00	2.784,00	Kamera	Stück	1	1.900,00	1.900,00	4.684,00
2.1	Foto & Video	Seidel	8	50,00	400,00	Stativ	Stück	1	149,00	149,00	549,00
2.1	Foto & Video	Brause	16	75,00	1.200,00	Beleuchtung	Set	1	89,00	89,00	1.289,00
2.1	Foto & Video	Berger	8	60,00	480,00	Kaffee	Tassen	150	1,20	180,00	660,00
2.1	Foto & Video	Hübner	24	75,00	1.800,00	Software	Lizenz	1	150,00	150,00	1.950,00
...	...	...	...	...	...	...	...	...	...	...	...
...	...	...	...	...	...	...	...	...	...	...	...
Summen:					**56.400,00**					**16.950,00**	**73.350,00**

Abb. C_09: Kombinierter Ressourcen- und Kostenplan

D Agiles Projektmanagement

I Grundlagen

1 Warum agiles Projektmanagement?

Dynamische Kundenanforderungen

Wir haben gesehen, dass im klassischen Projektprojektmanagement die Kundenanforderungen schon zu Projektbeginn verbindlich festgelegt werden und alles Weitere daraus abgeleitet wird („Wasserfallmodell"). Änderungen der Kundenanforderungen werden dann zum Problem (s. Kapitel *B IV 5 Berücksichtigen von Änderungen*). Doch in vielen Projekten, insbesondere in der Softwareentwicklung, ist die Änderung der Kundenanforderungen im Projektverlauf nicht die Ausnahme, sondern die Regel – und das aus guten Gründen:

- **Unklare Anforderungen zu Projektbeginn:** Die Produktanforderungen sind dem Kunden zu Projektbeginn oft noch gar nicht oder nicht vollständig bewusst. Das ändert sich mit zunehmender Reife des Produkts, denn dann werden Details und Zusammenhänge erkennbar und dem Kunden wird klar, was er will. Das führt dazu, dass er nach und nach weitere Anforderungen nachschiebt.
- **Änderungen im Projektumfeld:** Neue Technologien und internationaler Wettbewerbsdruck führen immer öfter dazu, dass Anforderungen, die zu Projektbeginn formuliert wurden, schon im Projektverlauf veralten und im Extremfall am Ende des Projekts überholt sind.

Das Problem dynamischer Kundenanforderungen ist nicht auf die Softwareentwicklung beschränkt, wie das Beispiel der Entwicklung des Militärtransporters A400M zeigt, bei dem über Jahre zahlreiche Anforderungen immer wieder abgeändert und nachgeschoben wurden. Am Ende verfehlte das Projekt seine Qualitäts-, Zeit- und Kostenziele und gilt als krachend gescheitert.

Lähmendes Qualitätsmanagement

Seit den 1980er-Jahren führten immer mehr Organisationen komplexe Qualitätsmanagementsysteme ein. Das führte einerseits dazu, dass betriebliche Prozesse standardisiert und damit verbindlich festgelegt wurden, und andererseits, dass der Dokumentationsaufwand in allen betrieblichen Bereichen deutlich anstieg. Für das Projektmanagement bedeutete diese Entwicklung sowohl ein Verlust an Flexibilität als auch eine Zunahme an administrativem Ballast.

Die agile Gegenbewegung

Vor allem aus den oben genannten Gründen entwickelte sich annähernd zeitgleich eine Gegenbewegung, die man heute als agiles Management bezeichnet. Agil bedeutet so viel wie *beweglich, regsam, wendig*. Agiles Projektmanagement kann man also mit *beweglichem Projektmanagement* übersetzen. Im Kern geht es darum, in einer dynamischen Umwelt schnell und flexibel auf Veränderungen reagieren zu können. Vertreter des agilen Projektmanagements gehen davon aus, dass man von Natur aus in jedem Projekt laufend neue Erkenntnisse gewinnt, die zu Änderungen führen. Mit anderen Worten: Änderungen im Projektablauf sind etwas ganz Normales, ja sogar Gewünschtes. Dabei ist agiles Projektmanagement keine bestimmte Methode, sondern ein Oberbegriff für unterschiedliche Methoden, denen aber dieselben Werte und Prinzipien zugrunde liegen. Diese werden im Folgenden vorgestellt.

2 Agile Werte und Prinzipien

Mit dem agilen Manifest („Manifesto for Agile Software Development") legten 17 renommierte Softwareentwickler im Februar 2001 den Grundstein für das agile Projektmanagement. Darin formulierten sie vier Werte, hinter denen zwölf Prinzipien stehen. Diese Werte und Prinzipien, die sich ursprünglich nur auf Softwareentwicklungsprojekte bezogen, gelten heute branchenübergreifend in agilen Projekten und werden im Folgenden vorgestellt:

Agile Werte

In der deutschsprachigen Version des agilen Manifestes heißt es: „Wir erschließen bessere Wege, Software zu entwickeln, indem wir es selbst tun und anderen dabei helfen. Durch diese Tätigkeit haben wir folgende Werte schätzen gelernt:

- **Individuen und Interaktionen** mehr als Prozesse und Werkzeuge
- **Funktionierende Software** mehr als umfassende Dokumentation
- **Zusammenarbeit mit dem Kunden** mehr als Vertragsverhandlung
- **Reagieren auf Veränderung** mehr als das Befolgen eines Plans

Das heißt, obwohl wir die Werte auf der rechten Seite wichtig finden, schätzen wir die Werte auf der linken Seite höher ein."[1] Diese Werte werden durch die nachfolgenden zwölf Prinzipien für den betrieblichen Alltag konkretisiert.

Agile Prinzipien

„Unsere höchste Priorität ist es, den Kunden durch frühe und kontinuierliche Auslieferung wertvoller Software zufrieden zu stellen.

Heiße Anforderungsänderungen selbst spät in der Entwicklung willkommen. Agile Prozesse nutzen Veränderungen zum Wettbewerbsvorteil des Kunden.

Liefere funktionsfähige Software regelmäßig innerhalb weniger Wochen oder Monate und bevorzuge dabei die kürzere Zeitspanne.

Fachexperten und Produktentwickler müssen während des Projektes täglich zusammenarbeiten.

1 *Beck u. a.: Manifest für Agile Softwareentwicklung, https://agilemanifesto.org/iso/de/manifesto.html [27.12.2022].*

Errichte Projekte rund um motivierte Individuen. Gib ihnen das Umfeld und die Unterstützung, die sie benötigen[,] und vertraue darauf, dass sie die Aufgabe erledigen.

Die effizienteste und effektivste Methode, Informationen an und innerhalb eines Entwicklungsteams zu übermitteln, ist im Gespräch von Angesicht zu Angesicht.

Funktionierende Software ist das wichtigste Fortschrittsmaß.

Agile Prozesse fördern nachhaltige Entwicklung. Die Auftraggeber, Entwickler und Benutzer sollten ein gleichmäßiges Tempo auf unbegrenzte Zeit halten können.

Ständiges Augenmerk auf technische Exzellenz und gutes Design fördern Agilität.

Einfachheit – die Kunst, die Menge nicht getaner Arbeit zu maximieren – ist essenziell.

Die besten Architekturen, Anforderungen und Entwürfe entstehen durch selbstorganisierte Teams.

In regelmäßigen Abständen reflektiert das Team, wie es effektiver werden kann[,] und passt sein Verhalten entsprechend an.“[2]

Abb. D_01: Agile Prinzipien

3 Agile Methoden

Gemeinsame Merkmale

„Agiles Projektmanagement“ ist also ein Sammelbegriff für eine Vielzahl unterschiedlicher Methoden. Fachleute sprechen auch von agilen Vorgehensmodellen, da es sich meistens um komplexe Modelle mit eigenem Methodenpool handelt. Viele dieser Methoden haben ihre Wurzeln in der japanischen Automobilindustrie. Als gemeinsame Nenner agiler Methoden bzw. Vorgehensmodelle lassen sich herausfiltern:

- **Dynamisches Anforderungsmanagement:** Die Methoden sind so konzipiert, dass Änderungen von Anforderungen als Normalfall gelten und bis zum Projektende berücksichtigt werden können.
- **Iteratives Vorgehen:** Das Projekt wird in kurze, sich wiederholende Entwicklungsschritte (Iterationen) zerlegt, an deren Ende jeweils ein konkretes (Zwischen-)Ergebnis, das sogenannte Produktinkrement steht. Die einzelnen Iterationen haben den Charakter von Zyklen bzw. Schleifen, in denen das Produktinkrement sukzessive weiterentwickelt und präzisiert wird, bis es ausgereift ist. Auch der Leistungsumfang wird iterativ festgelegt.
- **Schlanke Organisation:** Regelwerke, Formalitäten und Projektdokumentation werden auf das Nötigste beschränkt. Das Gesamtprojekt wird gar nicht oder nur sehr grob geplant. Sorgfältig geplant wird immer nur die bevorstehende Iteration.

2 *Beck u. a.: Prinzipien hinter dem Agilen Manifest, https://agilemanifesto.org/iso/de/principles.html [27.12.2022].*

- **Einbeziehung des Kunden:** Im Idealfall begutachtet der Kunde das Zwischenergebnis am Ende jeder Iteration und gibt dem Team ein Feedback, welches in die Weiterentwicklung des Produkts in der nächsten Iteration einfließt. Das jeweilige Zwischenergebnis wird frühzeitig an den Kunden ausgeliefert und in der Praxis getestet. Ist der Kunde nicht abkömmlich, vertritt ihn der Product Owner (s. Kapitel *II 2 Rollen*).
- **Selbstorganisierte Teams:** Agile Projektteams sind nicht hierarchisch organisiert, sondern organisieren sich selbstständig und eigenverantwortlich. Sie arbeiten eng zusammen, möglichst an einem gemeinsamen Ort, um eine effektive Kommunikation (face to face) zu gewährleisten.
- **Timeboxing:** Für bestimmte Aktivitäten (vor allem Iterationen und Besprechungen) werden einheitliche Zeiträume festgelegt. Ist das Ende einer Timebox erreicht, so wird die Aktivität auch dann beendet, wenn sie noch nicht abgeschlossen ist. Nicht erledigte Arbeiten können in die nächste Timebox verschoben werden.

Bekannte Beispiele

Bekannte agile Methoden bzw. Vorgehensmodelle sind: *Scrum, (Software-)Kanban, Lean Projektmanagement, Extreme Programming (XP), PRINCE2 Agile, Unified Process, Feature Driven Development, Test Driven Development, Dynamic Systems Development Method (DSDM), DevOps und Crystal.*

Eine Vertiefung dieser Methoden würde den Rahmen dieses Buches sprengen, daher wird im folgenden Kapitel die Methode Scrum exemplarisch vorgestellt.

II Beispiel Scrum

1 Einordnung und Grundbegriffe

Scrum ist die bekannteste und am weitesten verbreitete agile Methode. In der Praxis werden die Begriffe „Scrum“ und „agil“ oftmals sogar synonym verwendet. Entwickelt wurde Scrum von den US-amerikanischen Softwareentwicklern Dr. Jeff Sutherland und Ken Schwaber, die auch zu den Unterzeichnern des agilen Manifestes gehören. Sie haben mit ihrem vielbeachteten Scrum Guide ein schlankes Rahmenwerk (Framework) zur Entwicklung komplexer Produkte veröffentlicht, welches als Grundlagenwerk von Scrum gilt.

Der Begriff „Scrum“ bedeutet „Gedränge“ bzw. „Knäuel“ und kennzeichnet eine Standardsituation aus dem Rugby-Sport. Der Begriff soll zum Ausdruck bringen, dass das Team eng, selbstorganisiert und diszipliniert zusammenarbeitet. Scrum-Projekte bestehen im Kern aus einer Abfolge kurzer Iterationen, die als Sprints bezeichnet werden. Jeder Sprint wird geplant und liefert ein klar definiertes (Zwischen-)Ergebnis, welches am Sprintende begutachtet und im nachfolgenden Sprint weiter verfeinert wird. Scrum sieht klar definierte Rollen, Artefakte und Ereignisse vor:

Scrum-Grundbegriffe		
Rollen des Scrum-Teams	**Artefakte**	**Ereignisse**
▪ Product Owner ▪ Entwicklungsteam ▪ Scrum Master	▪ Product Backlog ▪ Sprint Backlog ▪ Produktinkrement	▪ Sprint ▪ Sprint Planning ▪ Daily Scrum ▪ Sprint Review ▪ Sprint Retrospective

Abb. D_02: Scrum-Grundbegriffe

2 Rollen

Product Owner

Eine Projektleitung im klassischen Sinne gibt es bei Scrum nicht. Dieser Rolle am nächsten kommt der Product Owner (PO). Dieser repräsentiert den Kunden, zu dem er in engem Kontakt steht und aus dessen Perspektive er das Projekt verfolgt. Seine Hauptaufgabe besteht darin, die Kundenanforderungen an das zu entwickelnde Produkt zu sammeln, zu präzisieren und im Product Backlog aufzulisten, welches mit dem klassischen Lastenheft verwandt ist. Darüber hinaus bereitet der Product Owner die einzelnen Sprints vor, indem er die Kundenanforderungen aus dem Product Backlog priorisiert. Im Rahmen des Sprint Planning vereinbart er mit dem Entwicklungsteam, welche Anforderungen im jeweiligen Sprint umgesetzt werden sollen. Am Ende eines Sprints evaluiert der Product Owner das Sprintergebnis (Produktinkrement). Außerdem ist der Product Owner für den wirtschaftlichen Erfolg des Projekts aufseiten des Auftragnehmers verantwortlich.

Entwicklungsteam

Das Entwicklungsteam besteht aus Expertinnen und Experten unterschiedlicher Disziplinen, die gemeinsam über die Fähigkeiten verfügen, das Produktinkrement zu entwickeln. Es sollte drei bis acht Mitglieder umfassen und nicht weiter unterteilt werden. Das Entwicklungsteam ist für die technische Umsetzung der Kundenanforderungen innerhalb der einzelnen Sprints zuständig – also für die Entwicklung der Produktinkremente, die zu Beginn des Sprints mit dem Product Owner vereinbart wurden. Es handelt grundsätzlich selbstorganisiert, eigenverantwortlich und weisungsunabhängig. Es entscheidet also selbstständig, wer was wann erledigen soll.

Scrum Master

Der Scrum Master ist der Experte bzw. die Expertin für alle Fragen rund um das Vorgehensmodell Scrum und dient dem Entwicklungsteam als Coach. Er ist verantwortlich für die Einhaltung der Scrum-Vorgaben und den sachgemäßen Methodeneinsatz. Zugleich schützt er das Team vor allen störenden Einflüssen und beseitigt alle Arten von Hindernissen (Impediments). Er kann ein oder auch mehrere Teams coachen. Darüber hinaus unterstützt er den Kulturwandel in der Organisation in Richtung agiler Werte und Prinzipien.

3 Artefakte

Product Backlog

Das Product Backlog ist eine geordnete und priorisierte Liste der Kundenanforderungen[3], die das Produkt erfüllen muss. Doch anders als der Anforderungskatalog im klassischen Projektmanagement (Lastenheft) ist das Product Backlog nie fertig und nie vollständig, vielmehr kommen immer wieder neue Anforderungen hinzu und bestehende Anforderungen werden immer wieder abgeändert. Es handelt sich also um ein dynamisches Dokument. Der Product Owner dokumentiert und priorisiert im Product Backlog die Kundenanforderungen gewöhnlich in Form sogenannter „User Stories" (Benutzergeschichten), die aus Sicht des Kunden und in Alltagssprache formuliert werden.[4]

Beispiele:

- *„Als Kunde möchte ich die Produkte im Webshop auswählen und bestellen können."*
- *„Als Einkäufer möchte ich den aktuellen Lagerbestand aller Artikel einsehen können."*
- *„Als Vertriebsmitarbeiter möchte ich die Datensätze meiner Kunden einsehen und ändern können."*

User Stories haben gegenüber traditionellen Anforderungen den Vorteil, dass der Kunde sie leichter formulieren und der Product Owner sie besser nachvollziehen kann. Sie sollten maximal zwei Sätze umfassen und unabhängig voneinander sein. Das Product Backlog kann dann folgendermaßen aufgebaut sein:[5]

Product Backlog				
Nr.	**User Story**	**Priorität**	**Story-Points**	**Hinweise**
1	Als Vertriebsmitarbeiterin will ich ...	hoch	20	...
2	Als Marketingleiter will ich ...	hoch	8	...
3	Als Anwender will ich ...	mittel	1	...
4	Als Servicemitarbeiter will ich ...	gering	12	...
...	...	...	...	...

Abb. D_03: Product Backlog

Der Arbeitsaufwand einer User Story wird durch teameigene Storypoints ausgedrückt, die im Sprint Planning (s. u.) geschätzt werden. Das Product Backlog kann neben den User Stories auch „Epics" enthalten. Dabei handelt es sich um umfangreiche Anforderungen, die noch in handhabbare User Stories zerlegt werden müssen. Backlog-Einträge werden als Backlog Items bezeichnet.

Sprint Backlog

Das Sprint Backlog ist eine Sammlung aller Aufgaben (Tasks), die in einem Sprint zu erledigen sind. Sie werden im Sprint Planning aus den User Stories des Product Backlog abgeleitet (s. u.). Darüber hinaus gibt das Sprint Backlog auch Auskunft über den Bearbeitungsstand der einzelnen Tasks und damit über den Arbeitsfortschritt des Sprints. Schwaber und Sutherland

3 Der Scrum Guide spricht von einer Auflistung von Features, Funktionalitäten, Verbesserungen und Fehlerbehebungen. Diese werden in der deutschsprachigen Literatur unter dem Begriff der (Kunden-) Anforderungen zusammengefasst.

4 Der Scrum Guide kennt keine User Stories, in der Praxis von Scrum spielen sie aber eine große Rolle.

5 Vgl. Timinger: Modernes Projektmanagement, S. 173.

bezeichnen das Sprint Backlog als „deutlich sichtbares Echtzeitbild der Arbeit“[6]. Das Sprint Backlog wird gewöhnlich am Scrum Board (Task Board) visualisiert (Abb. D_04). Praktikerinnen und Praktiker empfehlen die Eintragung des Sprintziels oben auf dem Board, um die Effektivität des Sprints zu steigern. Die einzelnen Aufgaben (Tasks) wandern im Laufe des Sprints von links nach rechts, bis sie im Idealfall am Ende des Sprints alle in der rechten Spalte (Done) hängen. Ergänzend kann das Sprint Backlog auch als Liste geführt werden.

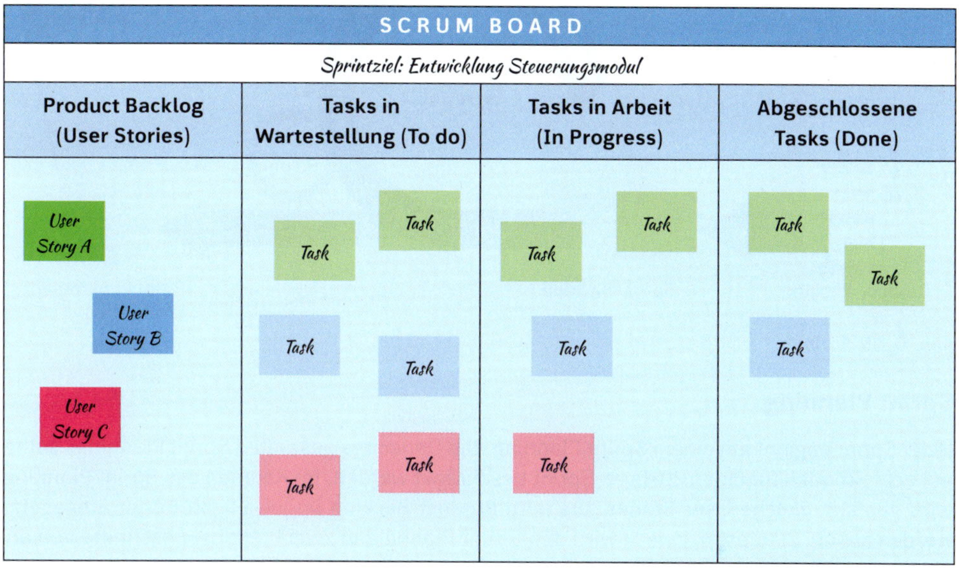

Abb. D_04: Scrum Board (Task Board)

Produktinkrement

Ein Produktinkrement ist ein möglichst auslieferbares Teil- oder Gesamtprodukt (z. B. eine neue Soft- oder Hardware), welches im Laufe eines Sprints entwickelt wird. Eine wichtige Eigenschaft von Produktinkrementen besteht darin, dass sie aufeinander aufbauen und einander beinhalten. Das bedeutet, dass der Kunde darauf vertrauen darf, dass in vorherigen Sprints entwickelte Komponenten und Funktionalitäten nicht verloren gehen. Produktinkremente zeichnen sich weiterhin dadurch aus, dass sie hinreichend dokumentiert, getestet und einsatzfähig sind, sodass der Kunde sie in der Praxis ausprobieren kann.

4 Ereignisse

Sprint

Nach Sutherland und Schwaber sind Sprints das Herz von Scrum. In den Sprints werden die User Stories technisch umgesetzt, also auslieferbare Teilprodukte (Produktinkremente) entwickelt. Für alle Sprints wird ein einheitlicher Zeitraum von maximal 30 Tagen festgelegt (Prinzip des Timeboxing, s. o.). Ist ein Sprint abgeschlossen, beginnt der nächste Sprint. Die Mitglieder des Entwicklungsteams halten ihren Arbeitsfortschritt selbstständig im Sprint Backlog fest.

6 *Schwaber/Sutherland: Scrum Guide, S. 12.*

Während eines Sprints sind keine Änderungen der Anforderungen möglich. Ein Sprint kann nur dann abgebrochen werden, wenn sich das Sprintziel erledigt hat, dabei ist nur der Product Owner zum Abbruch berechtigt. Jeder Sprint durchläuft folgende Phasen:

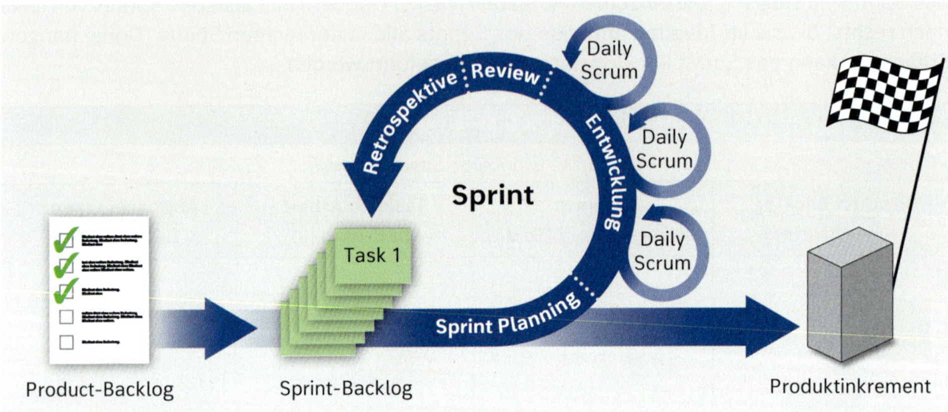

Abb. D_05: Sprint

Sprint Planning

Jeder Sprint beginnt mit einem Sprint Planning. Die Dauer des gesamten Sprint Plannings sollte auf acht Stunden für einen 30-Tage-Sprint beschränkt werden. Im Rahmen des Sprint Planning wird geplant, welche User Stories aus dem Product Backlog im jeweiligen Sprint umgesetzt werden sollen. Zu diesem Zweck wird das Sprint Planning in zwei Planungsabschnitte von annähernd gleicher Dauer zerlegt:

- **Sprint Planning 1:** Planung des *WAS*. Beteiligt sind der Product Owner und das Entwicklungsteam. Der Product Owner stellt dem Team die am höchsten priorisierten User Stories aus dem Product Backlog vor. Dabei wird gemeinsam die Größe bzw. die Komplexität dieser User Stories geschätzt.[7] Product Owner und Entwicklungsteam verhandeln auf Grundlage dieser Schätzungen ein Sprintziel, welches SMART+ formuliert werden sollte.
- **Sprint Planning 2:** Planung des *WIE*. Beteiligt sind das Entwicklungsteam und der Scrum Master. Der Product Owner kann zur Beantwortung von Fragen hinzugebeten werden. Das Sprint Planning 2 findet gewöhnlich nach einer Kaffeepause im Anschluss an das Sprint Planning 1 statt. Nun geht es darum, die ausgewählten User Stories in konkrete Aufgaben, sogenannte Tasks zu zerlegen, welche nicht länger als einen Tag dauern sollten. Im einfachsten Falle können die Tasks direkt aus den User Stories abgeleitet werden. Nicht selten muss das Team aber auch erst eine technische Lösung skizzieren, aus der es dann die konkreten Tasks ableiten kann. Tasks können neben den Entwicklungsarbeiten auch Dokumentationsaufgaben und Tests sein. Die ausgewählten Tasks werden in der ersten Spalte des Scrum Boards angeheftet.

Daily Scrum

Daily Scrum ist eine Variante des aus Japan stammenden Daily Stand-up Meetings. Das Daily Scrum, an dem alle Teammitglieder und der Scrum Master teilnehmen, dauert maximal

---

7 *Ein bekanntes Verfahren zur Schätzung der Größe der User Stories aus dem Backlog ist das Planning Poker, bei dem die Teilnehmerinnen und Teilnehmer Spielkarten mit Story Points (Maß für die Komplexität einer User Story) verdeckt auf den Tisch legen. Dann werden die Karten gleichzeitig umgedreht und die unterschiedlichen Schätzungen diskutiert.*

15 Minuten und wird jeden Tag zur gleichen Zeit im Stehen vor dem Scrum Board abgehalten. Dieses alltägliche Kurzmeeting dient dazu, allen Beteiligten den Projektstatus zu verdeutlichen, Hindernisse zu entfernen, Aufgaben zu synchronisieren, Steuerungsmaßnahmen einzuleiten und die nächsten 24 Stunden zu planen. Dabei beantwortet jeder Teilnehmer und jede Teilnehmerin bei jedem Meeting folgende drei Fragen:[8]

- Was habe ich seit dem letzten Daily Scrum erreicht?
- Was will ich bis zum nächsten Daily Scrum erreichen?
- Welche Hindernisse (Impediments) sehe ich?

Der Scrum Master dokumentiert die Hindernisse in einem Impediment Backlog (kein offizielles Scrum-Artefakt), kümmert sich um deren Beseitigung und informiert das Team darüber im folgenden Daily Scrum.

Sprint Review

Am Ende des Sprints wird das entwickelte Sprintergebnis vorgeführt. Was genau als fertiggestellt gilt, wird in der „Definition of Done"[9] festgelegt. Teilnehmerinnen und Teilnehmer des Sprint Reviews sind der Scrum Master, das Entwicklungsteam, der Product Owner und alle Stakeholder, die der Product Owner eingeladen hat, insbesondere der Kunde. Das Sprint Review eines 30-Tage-Sprints kann folgendermaßen aufgebaut sein:[10]

- Begrüßung und Ablauf des Reviews (Product Owner)
- Vorstellung des Sprintziels (Product Owner)
- Vorstellung des entwickelten Sprintergebnisses und ggf. wenige Anekdoten, welche Probleme es gab und wie diese gelöst wurden (Entwicklungsteam)
- Fragen und Feedback (Gäste, vor allem der Kunde)
- Ausblick auf den nächsten Sprint (Product Owner)
- Verabschiedung (Product Owner)

Sprint-Retrospektive (Lessons Learned)

Die Sprint-Retrospektive ist das letzte Ereignis eines Sprints und dauert maximal drei Stunden. Teilnehmerinnen und Teilnehmer sind der Scrum Master und das Team. Ziel der Sprint-Retrospektive ist es, Wege zur Steigerung von Qualität und Effektivität zu planen. Dazu werden Interaktionen im Team, Prozesse und verwendete Werkzeuge kritisch reflektiert. Schwaber und Sutherland empfehlen dazu folgende Fragen:

- Welche Annahmen führten uns in die Irre und was waren ihre Ursprünge?
- Was ist gut gelaufen?
- Auf welche Probleme sind wir gestoßen und wie haben wir sie gelöst?[11]

---

8 *Im Scrum Guide 2020 sind die drei Fragen nicht mehr enthalten.*

9 *In der Definition of Done vereinbart das Scrum-Team alle Qualitätsmerkmale, die erfüllt sein müssen, damit eine User Story abgeschlossen ist.*

10 *In Anlehnung an: Röpstorff/Wiechmann: Scrum in der Praxis, S. 258.*

11 *Vgl. Schwaber/Sutherland: Scrum Guide, S. 11.*

Alternativ schlägt Timinger ein Brainstorming vor, in dem negative und positive Aspekte des zurückliegenden Sprints gesammelt in ein einfaches Keep-Try-Drop-Schema eingeordnet werden:[12]

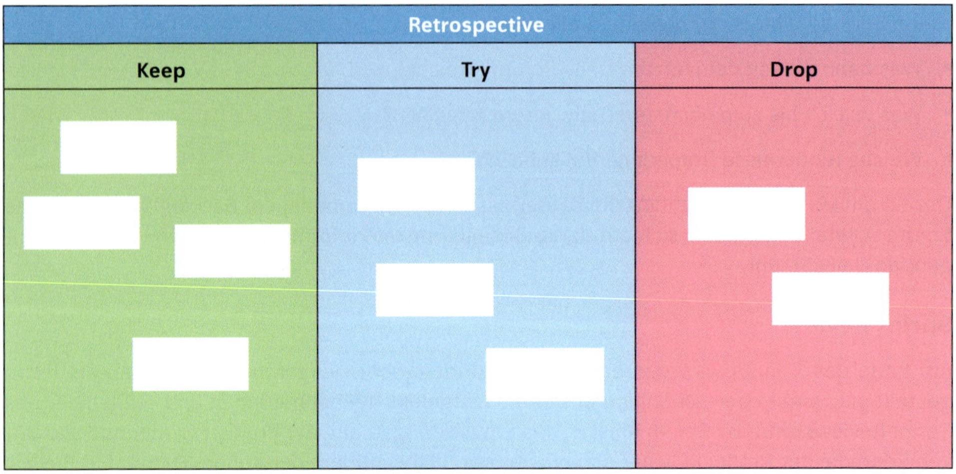

Abb. D_06: Keep-Try-Drop-Schema am Taskboard

III Agil + Klassisch = Hybrid

1 Voraussetzungen für agiles Projektmanagement

Agiles Projektmanagement ist an bestimmte Voraussetzungen gebunden:

- **Form- und knetbare Produkte:** Agile Methoden wurden für Softwareentwicklungsprojekte entwickelt und finden zunehmend auch in anderen Bereichen Verwendung (z. B. in Teilen der Automobilindustrie). Fachleute weisen jedoch darauf hin, dass agile Methoden nur bei der Entwicklung „form- und knetbarer" Produkte möglich sind – also bei der Entwicklung von Produkten, deren Komponenten bis zum Projektende problemlos abgeändert werden können. In vielen Branchen ist das jedoch nicht bzw. nicht möglich (z. B. beim Bau von Brücken, Kraftwerken, Staudämmen).
- **Einverständnis des Auftraggebers:** Der Einsatz agiler Methoden sieht vor, dass Kundenanforderungen, Liefertermine und Preis des Endprodukts iterativ ermittelt werden, zu Projektbeginn also noch unklar sind. Aber nicht alle Auftraggeber sind bereit, Projektverträge abzuschließen, die weder Liefertermin noch Festpreis enthalten. Zwar wurden agile Festpreismodelle entwickelt, doch auch diese werden nicht von allen Auftraggebern akzeptiert. Außerdem sind nicht alle Auftraggeber bereit, sich in den Entwicklungsprozess des Auftragnehmers einbinden zu lassen, regelmäßig Feedback zu geben und (Teile der) Verantwortung für den Projekterfolg zu übernehmen.
- **Kompatible Organisationskultur:** Agile Methoden sind mit hierarchischen Strukturen und verbindlich definierten Prozessen kaum vereinbar. Vielmehr muss sich eine Organisation auf

12 *Vgl. Timinger: Modernes Projektmanagement, S. 187.*

agile Werte und Prinzipien einlassen, wenn agiles Management funktionieren soll. Oftmals ist es aber gar nicht im Interesse des Managements, Veränderungen dieser Art vorzunehmen. Auch die ausführenden Mitarbeiterinnen und Mitarbeiter sind nicht immer interessiert an agilen Methoden. Beispielsweise empfinden es manche als überzogene Kontrolle, wenn sie im Daily Stand-up Meeting tagtäglich erklären müssen, was genau sie am Vortag erreicht haben und was sie am Folgetag erreichen wollen.[13]

- **Gemeinsame Arbeitszeiten:** Die enge Kooperation im Entwicklungsteam setzt gemeinsame Arbeitszeiten der Teammitglieder voraus. Diese sind jedoch häufig nicht gegeben – sei es, weil flexible Arbeitszeitmodelle (z. B. Gleitzeit) in Anspruch genommen werden, oder auch, weil Projekte in unterschiedlichen Zeitzonen zu bearbeiten sind.
- **Begrenzter Projektumfang:** Die agilen Methoden wurden für kleine selbstorganisierte Teams entwickelt. Um aber Projekte mit Hunderten bis Tausenden von Projektmitarbeiterinnen und -mitarbeitern managen zu können, müssen diese Methoden erheblich erweitert werden, was man „agile Skalierung" nennt. Zu diesem Zweck wurden in den letzten Jahren softwaregestützte „Scaling Frameworks" entwickelt (z. B. SAFe, LeSS, NEXUS), welche die agile Bearbeitung großer Projekte ermöglichen. Doch abgesehen davon, dass eine Bewährung dieser Frameworks in der Praxis noch aussteht, ist die Methode dann nicht mehr schlank, sondern hochkomplex und stellt hohe Anforderungen an das Projektmanagement.

2 Hybrides Projektmanagement

Hybrid als Trend

In der Diskussion um die richtige Methode begegnet man häufig ideologischen und dogmatischen Positionen. Die Gretchenfrage lautet: *Klassisch oder agil? Freund oder Feind?* Doch warum sollte sich das Management für die eine oder andere Methode entscheiden? Viel naheliegender ist es doch, beide Ansätze intelligent zu kombinieren und die jeweiligen Methoden dort anzuwenden, wo sie hilfreich sind. Auf diese Idee ist man in der Praxis längst gekommen, dort geht der Trend zu sogenannten Hybridmodellen. „Hybrid" steht für etwas Vermischtes oder Gekreuztes. In diesem Zusammenhang versteht man darunter sinnvolle Kombinationen von agilen und klassischen Methoden.

Hybridmodelle folgen dem Grundsatz: *„So wenig regeln wie möglich, aber so viel wie nötig."* Denn einerseits ist es sinnvoll, das Projektmanagement zu verschlanken und Flexibilität zu fördern, andererseits kommen auch schlanke Methoden um bestimmte Prozesse, Instrumente und Dokumentationspflichten des klassischen Projektmanagements nicht herum. Hybridmodelle verbinden also das Beste zweier Welten.

Alternative Hybridmodelle

Hybridmodelle können ganz unterschiedlich ausgestaltet werden. Vereinfacht gesagt werden dazu ausgewählte Prozessschritte oder Instrumente ersetzt oder ergänzt. Es gibt bereits eine Vielzahl solcher Modelle und täglich werden es mehr, denn jede Organisation kann klassische und agile Elemente nach eigenen Vorstellungen kombinieren. In der Praxis ist bereits dann von Hybrid die Rede, wenn nur ein Element aus der anderen Methodik übernommen wird (z. B. die Übernahme des Scrum Boards oder der User Stories in klassische Projekte oder der Stakeholderanalyse in agile Projekte). Im Folgenden werden zwei Hybridmodelle vorgestellt:

13 *Vgl. Sellmann: Agil – Klassisch – Hybrid, S. 153.*

Variante 1: Projektphasen werden sequenziell klassisch und agil gemanagt.

Beispiel: *Für ein groß angelegtes Softwareentwicklungsprojekt (ERP-Software) in einem Industrieunternehmen sollen wichtige Stakeholder (Geschäftsführung und die Abteilungen Rechnungswesen, Marketing, Vertrieb und Einkauf) mit ihren spezifischen Interessen in die Definitionsphase einbezogen werden, um eine hohe Akzeptanz des Projekts zu erreichen. Aus diesem Grunde werden die Projektziele und das Lösungskonzept iterativ entwickelt und die nachfolgenden Phasen klassisch gemanagt:*

Abb. D_07: Sequenzielles Hybridmodell

Variante 2: Einige Arbeitspakete der Realisierung werden klassisch und andere agil gemanagt.

Beispiel: *Entwicklung eines neuen Antriebssystems: Die Konstruktionsarbeiten und die gesamte Softwareentwicklung sollen agil (grün) und die anderen Arbeitspakete klassisch (weiß) gemanagt werden:*

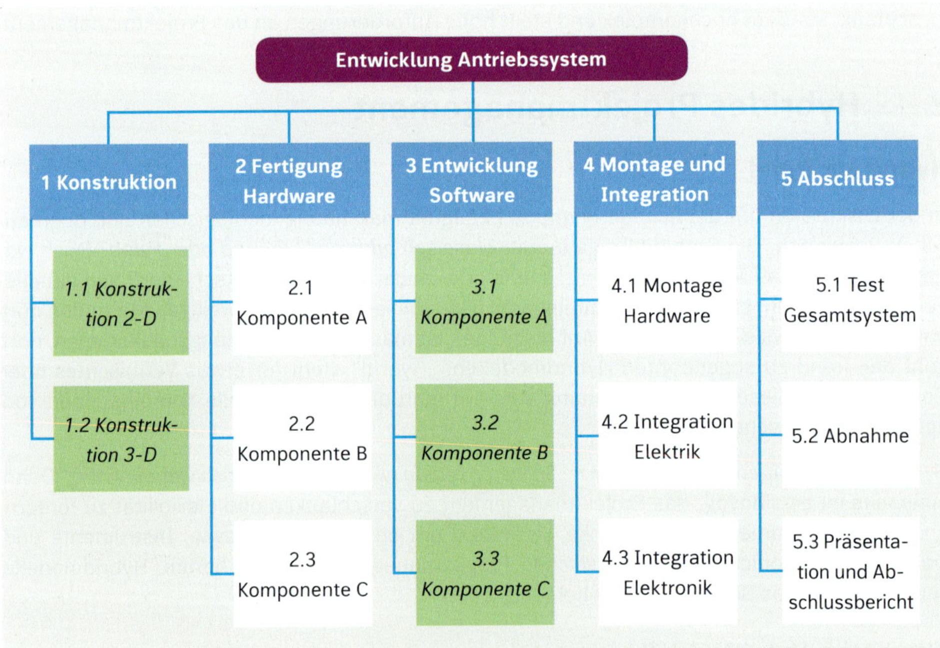

Abb. D_08: Hybridmodell: Klassische Projektstruktur mit agilen Arbeitspaketen

Abschließend möchten wir als Autorenteam an dieser Stelle betonen, dass für Projektverantwortliche die Kenntnis sowohl der klassischen als auch der agilen Methode von großem Vorteil ist. Denn so sind sie in der Lage, sich einerseits in allen Arten von Projekten rasch zurechtzufinden und die jeweiligen Denkweisen nachzuvollziehen und andererseits die unterschiedlichen Techniken in jeder Situation optimal zum Einsatz zu bringen.

E Workshops

I Aufgaben zur Texterschließung

1 Grundbegriffe

1. Prüfen Sie anhand der Projektmerkmale, ob es sich bei den vorliegenden Vorhaben um ein Projekt handelt. Begründen Sie Ihre Meinung in den Fällen, in denen aus Ihrer Sicht kein Projekt vorliegt.

   a) Eine Studentin schreibt eine Doktorarbeit, in der sie die Entwicklung von Mikrochips erforscht, Abgabetermin ist der 15. August 20.. .

   b) Die Entwicklungsabteilung eines Automobilherstellers entwickelt ein neuartiges Fahrwerk, das bis zum 30. November 20.. funktionsfähig sein soll.

   c) Ein großer Computerhersteller produziert ab dem 15. November ein innovatives Tablet für den Weltmarkt.

   d) Frau Thierse, Frau Schmidt und Herr Braun organisieren eine Weihnachtsfeier für die 24 Mitarbeiter/-innen ihres Betriebs. Die Feier soll am 18. Dezember 20.. stattfinden.

   e) Der Bauunternehmer Siems aus Hamburg wird mit dem Bau eines einzigartigen Computermuseums beauftragt, das am 1. Mai 20.. eröffnen soll.

   f) Eine Hochschule in Dortmund organisiert alljährlich einen Infotag für Schülerinnen und Schüler auf Grundlage eines bewährten Konzepts.

   g) Zwei große IT-Unternehmen planen eine Fusion, die bis zum 31. September 20.. abgeschlossen sein soll.

2. Ordnen Sie die Abbildungen A_01 bis A_04 den Projektarten (nach Projektgegenstand) zu.

3. Ordnen Sie ein, um welche Art von Projekt es sich hinsichtlich der vier Kriterien Projektgegenstand, Sitz des Auftraggebers, Motiv der Durchführung und Projektgröße in folgenden Fällen handelt:

   a) Eine Hamburger Werbeagentur plant eine zweijährige Werbekampagne für einen süddeutschen Softwarehersteller.

   b) Ein Hersteller von Computerspielen arbeitet an einem neuartigen Computerspiel mit einer realistischen Darstellung der menschlichen Haut. Das Produkt soll in drei Jahren am Markt sein.

   c) Das nordrhein-westfälische Umweltministerium beauftragt ein Garten- und Landschaftsbauunternehmen mit der Renaturierung ehemaliger Industriegelände am Rhein in einem Zeitraum von vier Jahren.

d) Die Bereichsleitung eines Mikrochipherstellers beauftragt die Leitung der Produktion, innerhalb des nächsten Jahres eine betriebliche Umstrukturierung zu planen und zu realisieren.

4. Erläutern Sie den Unterschied zwischen Phasen im normalen Sprachgebrauch und Projektphasen.

5. Überlegen und erläutern Sie, warum es in der Projektpraxis häufig Phasenrücksprünge von der Planungsphase in die Definitionsphase gibt.

2 Vorbereitungsphase

1. Für ein bevorstehendes Software-Entwicklungsprojekt soll die Teamgröße bestimmt werden. Ermitteln Sie die Anzahl der Kommunikationsmöglichkeiten für nachfolgende Teamgrößen und erläutern Sie Ihr Ergebnis.

   a) 5 Teammitglieder

   b) 10 Teammitglieder

   c) 15 Teammitglieder

Web

2. Im Buch+Web finden Sie das Formular „Teamfähigkeitsprofil“.

   a) Erstellen Sie mithilfe dieses Formulars Ihr persönliches Teamfähigkeitsprofil (Selbsteinschätzung) und bewahren Sie dieses gut auf.

   b) Bitten Sie nach Abschluss des nächsten Projekts einen Teampartner oder eine Teampartnerin um eine Fremdeinschätzung unter Einsatz desselben Formulars. Analysieren Sie gemeinsam mögliche Abweichungen zu Ihrer Selbsteinschätzung.

3. Analysieren Sie mögliche Chancen und Risiken der Teamarbeit.

4. Erläutern Sie Sinn und Umfang von Machbarkeitsanalysen in eigenen Worten.

5. Die Telcom AG erwägt, einen Projektauftrag für 700.000,00 € anzunehmen. Das Projekt würde ein Jahr dauern und Kosten in Höhe von 580.000,00 € verursachen. Ermitteln Sie die Rentabilität und erläutern Sie Ihr Ergebnis.

6. Erläutern Sie Vor- und Nachteile der

   a) Stabs-Projektorganisation

   b) reinen Projektorganisation

   c) Matrixorganisation

7. Diskutieren Sie die These *„Keiner braucht ein Projektinformationssystem, es gibt doch E-Mails!“*

8. Erläutern Sie Sinn und Bausteine eines Projektinformationssystems.

9. Erläutern Sie, inwiefern Formulare das Projektmanagement unterstützen.

10. Ihnen liegt der Katalog „Teamregeln“ in Abschnitt *B I 6 Vereinbaren der Teamregeln* vor.
    a) Diskutieren Sie die Eignung dieser Teamregeln für Unterrichtsprojekte.
    b) Entwickeln Sie einen eigenen Regelkatalog, den Sie für geeignet halten.

3 Definitionsphase

1. Beschreiben Sie mögliche Risiken, die mit einer oberflächlichen Analyse des Ausgangsproblems verbunden sind.

2. Erläutern Sie das magische Zieldreieck des Projektmanagements.

3. Prüfen Sie, ob folgende Projektziele qualifiziert formuliert sind.
   a) Die Fehlzeiten des Personals in unserem Betrieb sollen minimiert werden.
   b) Im Herbst wollen wir ein besseres Finanzbuchhaltungsprogramm haben.
   c) Die durchschnittliche Bearbeitungszeit von Kundenbeschwerden ist umgehend durch die Einrichtung einer Beschwerdestelle zu reduzieren.

4. Diese Aufgabe beruht auf einer wahren Begebenheit: *Eine norddeutsche Werft beauftragte ein Forschungsinstitut mit der Entwicklung eines Klebstoffes zur Befestigung von Kabinen im Rumpf eines Passagierschiffs. Die Werft lieferte dazu einen Katalog an Anforderungen, die der Klebstoff erfüllen musste.*
   a) Formulieren Sie in Stichworten zehn Anforderungen, die dieser Katalog vermutlich enthielt.
   b) Für die Stromversorgung der Kabinen musste der Klebstoff elektrisch leitfähig sein, diese Anforderung war aber nicht bedacht worden. Erläutern Sie die Folgen dieses Versäumnisses und die Frage der Verantwortung.
   c) Welches Instrument kann dabei helfen, alle Anforderungen zu bedenken?

5. Warum verlangt die SMART+-Regel, dass Projektziele lösungsneutral zu formulieren sind?

6. Ein Auftraggeber plant den Bau eines Computermuseums und formuliert unter anderem die Anforderung: „Die Besucherinnen und Besucher des Museums können alle Ausstellungsobjekte sehen, ohne Treppen zu steigen.“ Skizzieren Sie fünf kreative Lösungskonzepte.

7. Die Nutzwertanalyse ermöglicht die Bewertung alternativer Lösungskonzepte des Auftragnehmers zur Erreichung der Projektziele des Auftraggebers. Begründen Sie, warum die Nutzwertanalyse nur scheinbar objektiv ist.

8. Bei der Fertigung eines Flugzeugrumpfs einer Passagiermaschine besteht zu 25 % das Risiko, dass eine Rumpfeinheit beschädigt wird. Im Schadensfall wäre eine Reparatur in Höhe von 840.000,00 € erforderlich. Bewerten Sie das Risiko in Euro und leiten sie eine mögliche Risikostrategie ab.

9. In Kapitel *B II 5 Analysieren der Stakeholderinteressen* ist eine Stakeholder-Analyse in Form einer 4-Feld-Portfoliomatrix (Abb. B_23) abgebildet.

   a) Erläutern Sie diese Darstellung.

   b) Schlagen Sie allgemeine Maßnahmen zum Umgang mit den Stakeholdern A bis G vor und begründen Sie Ihre Meinung.

10. Im Rahmen eines internationalen Hochschulprojekts arbeitet ein Studententeam täglich und auch an den Wochenenden von 11:00 bis 23:00 Uhr an einer multimedialen Computerausstellung in den Räumen der Hochschule. Unter anderem wurde der Hausmeister als Stakeholder identifiziert.

    a) Ordnen Sie diesen Stakeholder in die Stakeholder-Portfoliomatrix ein und begründen Sie Ihre Meinung.

    b) Leiten Sie konkrete Maßnahmen aus a) ab und begründen Sie Ihre Meinung.

11. Die Dahlmann KG sendet eine Projektanfrage an die Selle GmbH, welche der Dahlmann KG daraufhin ein verbindliches Projektangebot unterbreitet. Am Folgetag schließen beide einen Projektvertrag ab. Erläutern und begründen Sie,

    a) wer Auftraggeber und wer Auftragnehmer ist,

    b) wer im juristischen Sinne den Antrag stellt und wer den Antrag annimmt.

12. Grenzen Sie die Begriffe „Lastenheft" und „Pflichtenheft" voneinander ab.

13. Erläutern Sie, wie sich die Projektleitung eines internen Projekts verhalten sollte, wenn der Auftraggeber keine schriftlichen Projektziele vorgelegt hat. Begründen Sie Ihre Meinung.

4 Planungsphase

1. Erläutern Sie, was man unter einem Arbeitspaket versteht und warum dieses geschnürt wird.

2. Erläutern Sie in kurzen Worten den Nutzen

   a) des Projektstrukturplans,

   b) von Arbeitspaketbeschreibungen.

3. Zu Beginn von Kapitel *B III 2 Entwickeln des Projektstrukturplans* ist ein allgemeiner Projektstrukturplan abgebildet (Abb. B_28). Nennen Sie die Anzahl der Arbeitspakete und die Anzahl der Arbeitspaketbeschreibungen, die mit diesem Projekt verbunden sind.

4. Erläutern und begründen Sie, wer die Arbeitspaketbeschreibung ausfüllen sollte.

5. Erläutern Sie die drei möglichen Beziehungen zwischen Arbeitspaketen des Projektstrukturplans (PSP) und den Vorgängen des Zeitplans.

6. Erläutern Sie, was man unter dem kritischen Weg versteht und welche Bedeutung dieser für die Projektleitung hat.

7. Die Hansen Werft wird mit dem Bau einer neuartigen Motorjacht beauftragt. Ingenieur Brause ist für die Entwicklung der Ruderanlage verantwortlich und hat auf Grundlage des Projektstrukturplans die nachfolgende Vorgangsliste entwickelt:

Vorgangsliste: Motorjacht			
Nr.	**Vorgangsname**	**Dauer**	**Vorgänger**
1	Entwurf (Grobzeichnungen)	2	-
2	Konstruktion (Detailzeichnungen)	3	1
3	Meilenstein: Freigabe Konstruktionsunterlagen	0	2
4	Fertigung mechanischer Teile	7	3
5	Montage mechanischer Teile	3	4
6	Test: Mechanik	2	5
7	Meilenstein: Abnahme Mechanik	0	6
8	Fertigung elektronischer Teile	11	3
9	Montage elektronischer Teile	4	8
10	Test: Elektronik	3	9
11	Meilenstein: Abnahme Elektronik	0	10
12	Montage und Verkabelung Gesamtsystem	2	7; 11
13	Test: Gesamtsystem	2	12
14	Meilenstein: Abnahme Gesamtsystem	0	13

a) Das Teilprojekt soll am 1. Mai beginnen. Erstellen Sie den Zeitplan als Balkenplan (alle Vorgänge sollen so früh wie möglich geplant werden) und ermitteln Sie den Endtermin. Gehen Sie aus Gründen der Vereinfachung davon aus, dass die Wochenenden durchgearbeitet wird.

b) Erstellen Sie den Netzplan.

8. Entwickeln einer ERP-Software: Für einen Industriebetrieb soll das Unternehmen BusySoft GmbH eine neue ERP-Software entwickeln. Die Projektleitung hat dazu bereits nachfolgende Vorgangsliste entwickelt:

Vorgangsliste			
Nr.	**Vorgangsname**	**Dauer (Tage)**	**Vorgänger**
1	Analysieren von Problemen und System	2	-
2	Festlegen der Ein- und Ausgangsparameter	2	1
3	Festlegen der Testparameter und Testarten	1	2
4	Festlegung zum Design	1	1
5	Abnahme Design	0	4
6	Vertiefen der Problemanalyse	3	3; 5
7	Entwerfen von Modulen	5	3; 5
8	Erstellen eines Grobkonzepts	7	3; 5
9	Fehlerbeseitigung	2	6; 7; 8

Vorgangsliste			
Nr.	**Vorgangsname**	**Dauer (Tage)**	**Vorgänger**
10	Vertiefen der Problemanalyse	4	9
11	Codieren	15	10
12	Erstellen der Prüfungsunterlagen	2	3
13	Prüfen der Module	3	11; 12
14	Fehlerbeseitigung	4	11; 12
15	Erstellen einer Dokumentation	2	13;14
16	Integrieren aller Module	2	15
17	Testen in simulierter Umgebung	7	16
18	Fehlerbeseitigung	4	16
19	Testen in realer Umgebung	7	17; 18
20	Fehlerbeseitigung	4	17; 18
21	Dokumentieren (Prüfprotokolle, Bedienungsanleitungen)	5	19; 20
22	Übergeben des Systems/Abnahme	0	21
23	Einweisung/Schulung der Anwender/-innen	2	22
24	Abschlussbesprechung	1	23

Erstellen Sie für die BusySoft GmbH folgende Projektpläne:

a) Projektstrukturplan (Zusammenfassung von Vorgängen in einem Arbeitspaket möglich)

b) Terminplan als Balkenplan

c) Ablaufplan als Netzplan mit kritischem Weg

9. Entwickeln eines Managementinformationssystems mit Einrichtung eines Webshops: Das eher handwerklich orientierte Unternehmen „Natur für die Haut" beauftragt die öconosoft GmbH mit der Entwicklung eines Managementinformationssystems (MIS) zur Optimierung der Produktionssteuerung und der Implementierung eines Webshops auf der bereits bestehenden Homepage des Auftraggebers. Nach ausführlichen Gesprächen und Analysen der Ausgangslage mit Ableitung der Funktionalitäten des MIS und der Anforderungen an den Webshop entwickelt die Projektleitung die folgende Vorgangsliste:

Vorgangsliste			
Nr.	**Vorgangsname**	**Dauer (Tage)**	**Vorgänger**
1	Anforderungen an Webshop und MIS	2	-
2	Analyse Webshop-Angebote	4	1
3	Auswahl und Beschaffung Webshop	2	2
4	Information Stammkunden über Webshop	4	3
5	Einrichtung und Test Webshop	3	3
6	Implementierung Webshop	1	5
7	Konzept zur Benutzerführung im MIS	1	1
8	Design und Layout der MIS-Benutzeroberfläche	2	1
9	MIS-Masken und MIS-Berichte	3	7; 8
10	Abnahme Design und Layout	0	9

Vorgangsliste			
Nr.	**Vorgangsname**	**Dauer (Tage)**	**Vorgänger**
11	Entwicklung ERM-Modell	2	1
12	Analyse Daten MIS-System	1	11
13	Normalisierung Datenbank	2	12
14	Anlage Datenbank	2	13
15	Erfassung MIS-Testdaten	1	14
16	Umsetzung Stammdatenverwaltung im MIS	2	10; 15
17	Umsetzung Auftragsverwaltung im MIS	4	10; 15
18	Umsetzung Produktionssteuerung im MIS	6	10; 15
19	Umsetzung betriebswirtschaftliche Auswertungen im MIS	3	10; 15
20	Dokumentation MIS-System	4	16; 17; 18; 19
21	MIS-Testlauf in simulierter Umgebung	8	20
22	Fehlerbeseitigung 1 (MIS)	3	21
23	MS-Testlauf in realer Umgebung	8	22
24	Fehlerbeseitigung 2 (MIS)	2	23
25	Dokumentation MIS-Testlauf	2	24
26	Abnahme Testlauf	0	25
27	Erstellung Benutzerhandbuch für MIS	5	26
28	Übergabe und Abnahme MIS und Webshop	1	6; 27
29	Schulung MIS-Anwender	2	28
30	Betreuung Systemeinführung mit Hotline	20	28
31	Durchführung Abschlussbesprechung	1	4; 29; 30

Erstellen Sie für die ökonosoft GmbH folgende Projektpläne:

a) Projektstrukturplan (Zusammenfassung von Vorgängen in einem Arbeitspaket möglich)

b) Terminplan als Balkenplan

c) Ablaufplan als Netzplan mit kritischem Weg

10. Das Mobilfunkunternehmen Teltalk GmbH aus Bonn plant den Umzug in ein Bürogebäude in Köln, dessen Innenräume zuvor renoviert werden müssen. Das Projekt soll am 1. August beginnen. Folgende Arbeitspakete sind geplant:

- Kick-Off-Meeting: In diesem Meeting werden alle Detailfragen rund um das Projekt geklärt. Es geht allen anderen Arbeitspaketen voran und dauert einen Tag.
- Spedition beauftragen: Die preiswerteste Spedition ist zu ermitteln und mit dem Möbeltransport zu beauftragen, das dauert einen Tag. Die Spedition soll die Umzugskartons sofort bereitstellen.
- Planen der Inneneinrichtung: Zu planen sind die Auswahl von Tapeten, Wandfarbe, Teppichboden, Jalousien und Deckenlampen sowie die Platzierung sämtlicher Möbel und EDV-Geräte im Gebäude in Köln. Diese Planung nimmt vier Tage in Anspruch.

- Verpacken der Aktenordner: Alle Aktenordner sind aus den Aktenschränken zu entnehmen und in Umzugskartons zu verpacken. Die Umzugskartons sind zu beschriften. Dauer: drei Tage.
- Datensicherung: Die Daten sollen erst dann gesichert werden, wenn alle Ordner verpackt sind. Die Datensicherung nimmt zwei Tage in Anspruch.
- Verpacken der EDV-Geräte: Server, Computer, Drucker, Beamer, Whiteboards usw., das Verpacken der EDV-Geräte in Umzugskartons nimmt drei Tage in Anspruch und kann beginnen, wenn die Datensicherung vollständig abgeschlossen ist.
- Tapezieren: Sämtliche Büroräume sind zu tapezieren. Dauer: fünf Tage. Während der Tapezierarbeiten soll noch nicht gestrichen werden.
- Streichen der Tapeten: Für das Streichen aller Tapeten und das Durchtrocknen der Farbe sind vier Tage anzusetzen.
- Jalousien und Deckenleuchten: Die Anbringung der Jalousien und Deckenleuchten dauert zwei Tage und kann beginnen, wenn alle Tapeten gestrichen sind und die Farbe trocken ist.
- Teppichboden verlegen: Der Teppichboden kann verlegt werden, wenn alle Jalousien und Deckenleuchten angebracht sind. Während des Verlegens sollen die Räume nicht von Dritten betreten werden. Das Verlegen dauert zwei Tage.
- Abnahme Renovierung: Diese ist als erster Meilenstein (Dauer: null Tage) zu planen.
- Abbau, Transport und Aufbau der Möbel: Vor dem Abbau sollen alle Möbel leergeräumt sein. Dieses Arbeitspaket dauert insgesamt drei Tage.
- Transport und Einsortieren der Ordner: Dieses Arbeitspaket darf erst durchgeführt werden, wenn alle Möbel an ihrem endgültigen Platz stehen. Dauer: zwei Tage.
- Transport und Aufbau der EDV-Geräte: Dieses Arbeitspaket (Dauer: drei Tage) kann zeitgleich mit dem Transport und dem Einsortieren der Ordner erfolgen.
- Anschließen und Vernetzen der EDV-Geräte: Alle Geräte müssen an ihrem endgültigen Platz stehen, bevor sie angeschlossen werden können. Das Arbeitspaket dauert zwei Tage.
- Endreinigung: Die Putzkräfte legen Wert darauf, dass alle Arbeiten abgeschlossen sind, bevor sie mit der Reinigung der neuen Räume (Dauer: ein Tag) beginnen.
- Endabnahme: Diese ist als zweiter Meilenstein (Dauer: null Tage) zu planen.

a) Erstellen Sie einen Projektstrukturplan.

b) Entwickeln Sie die Vorgangsliste. Gehen Sie davon aus, dass die Arbeitspakete aus dem Projektstrukturplan den Vorgängen im Zeitplan entsprechen (1:1-Beziehung).

c) Erstellen Sie den Zeitplan als Balkenplan (alle Vorgänge sollen so früh wie möglich geplant werden) und ermitteln Sie die beiden Meilensteintermine. Gehen Sie aus Gründen der Vereinfachung davon aus, dass die Wochenenden durchgearbeitet wird.

d) Erstellen Sie den Zeitplan als Netzplan.

11. Für ein Netzwerkprojekt einer großen Versicherung liegen unter anderem folgende Daten vor:

Einzelkosten		
Arbeitspaket Nr.	**Fertigungsmaterial (€)**	**Fertigungslöhne (€)**
2.5	65.000,00	44.600,00
2.6	28.500,00	19.500,00
2.7	87.600,00	57.600,00

Gemeinkostenzuschlagssätze:
- Materialgemeinkostenzuschlagssatz: 9 %
- Fertigungsgemeinkostenzuschlagssatz: 120 %
- Verwaltungsgemeinkostenzuschlagssatz: 6 %
- Vertriebsgemeinkostenzuschlagssatz: 5 %

a) Ermitteln Sie die Selbstkosten der drei Arbeitspakete.

b) Begründen Sie, warum der Fertigungsgemeinkostenzuschlagssatz gewöhnlich höher ist als die anderen Zuschlagssätze.

c) In der Praxis fallen in den meisten Projekten die Kosten der Bottom-up-Planung höher aus als bei der Top-down-Planung. Begründen Sie, warum das so ist, und leiten Sie Vorschläge zur Lösung dieses Problems für die Projektleitung ab.

5 Agiles Projektmanagement

1. Beschreiben Sie die Hauptvorteile von Scrum gegenüber dem klassischen Projektmanagement.

2. Ordnen Sie den nachfolgenden Beschreibungen die Scrum-Fachbegriffe zu:

a) Person, die dem Entwicklungsteam als Coach dient

b) Katalog der Kundenanforderungen ohne Anspruch auf Vollständigkeit

c) Iteration von maximal 30 Tagen

d) Tägliches Kurzmeeting, das im Stehen abgehalten wird

e) Kundenanforderung in der Sprache des Kunden bzw. der Anwenderinnen und Anwender

f) Struktur des Scrum Boards (von links nach rechts)

g) Auflistung der Aufgaben in einem Sprint

h) Eintrag im Katalog der Kundenanforderungen

i) Bezeichnung eines Hindernisses im Scrum-Prozess

j) auslieferbares (Zwischen-)Produkt, das in einem Sprint entwickelt wurde

k) Phasen, die ein Sprint durchläuft

l) Aufgaben, die in einem Sprint zu erledigen sind

m) Person, die für den wirtschaftlichen Erfolg des Projekts verantwortlich ist

n) Reflexion des Gruppenprozesses am Ende eines Sprints

o) Umfangreiche und noch undeutliche Kundenanforderung

p) Dokument, das festlegt, wann etwas als fertiggestellt gilt

q) Person, die das Product Backlog führt

3. Erläutern Sie Voraussetzungen für den Einsatz von Scrum.

4. Diskutieren Sie Vor- und Nachteile von Daily Stand-up Meetings.

5. Erläutern Sie, wann und wie die einzelnen Tasks eines Sprints identifiziert werden.

6. Stellen Sie zu nachfolgenden Aspekten die klassische und die agile Philosophie am Beispiel Scrum gegenüber:

   a) Projektleitung

   b) Katalog der Kundenanforderungen

   c) Zeitpunkt der Projektplanung

   d) Schritte der Projektplanung

   e) Unterteilung des Gesamtprojekts

   f) Zeitpunkt der Reflexion

7 Angenommen, innerhalb eines Sprints kommt es zu logischen Abhängigkeiten einzelner Tasks. Überlegen Sie, wann das Team sich dazu abstimmen kann.

8 Wie groß sollte ein Scrum-Team maximal sein?

II Übungsprojekte

1 Anwenderschulung

Projektanlass

Ihre Schule hat sich für die Einrichtung einer digitalen Schulplattform (Lern-, Kommunikations- und Organisationsplattform) entschieden. Diese enthält einige Module zur Erleichterung des Schulalltags wie zum Beispiel

- E-Mail
- strukturierte Dateiablage (Ordner)
- Klausurplan
- Terminkalender (ohne Klausuren)
- Aufgaben (mit der Möglichkeit, Schülerlösungen hoch- und herunterzuladen)
- Videokonferenz
- Stundenplan

Leider sind jedoch viele Lehrkräfte der Schule mit der neuen Plattform gar nicht oder nicht hinreichend vertraut. Die Schulleitung möchte daher alle Lehrkräfte in die Lage versetzen, die wichtigsten Module der Plattform produktiv nutzen zu können. Zu diesem Zweck soll eine Anwenderschulung als Fortbildung für alle Lehrkräfte vorbereitetet, umgesetzt und auch evaluiert werden.

Projektziel

Planung, Durchführung und Evaluation einer Anwenderschulung zur Lernplattform „EasyLearn" für alle Lehrkräfte der Beispielschule bis zum 31. Oktober 20..

Anforderungen an die Schulung

- Sämtliche Lehrkräfte sowie die Schulleitung nehmen an der Schulung teil.
- Die Schulung dauert maximal 120 Minuten.
- Die Schulung setzt keine Vorkenntnisse voraus.
- 85 % der Teilnehmenden sind nach der Schulung in der Lage, mithilfe der Schulplattform
  - E-Mails an einzelne sowie an definierte Gruppen zu versenden,
  - Ordner für ihre Klassen einzurichten und zu verwalten (Einstellen von Dateien usw.),
  - Klassenarbeitstermine einzutragen,
  - Aufgaben in das Aufgabenmodul hochzuladen und Schülerlösungen herunterzuladen,
  - Unterricht per Videokonferenz durchzuführen.

Anforderungen an das Benutzerhandbuch

- Das Benutzerhandbuch ermöglicht die selbstständige Erarbeitung der behandelten Module.
- Die Anwendung der Module wird grafisch veranschaulicht.
- Das Benutzerhandbuch wird in Form einer einzigen PDF (mit Deckblatt, Inhaltsverzeichnis und Sachwortverzeichnis) verfasst.

Lieferungen und Leistungen

- Vorbereitung und Durchführung der Schulung
- Erstellung sämtlicher Schulungsmaterialien
- Verfassen eines einfachen Benutzerhandbuches
- Evaluation des Lehrnerfolgs

Auftragsbedingungen

- Die Schulung findet in den Räumen der Schule (...) statt.
- Die Schulung wird im Monat März an einem Nachmittag nach dem Schulbetrieb durchgeführt.

Arbeitsauftrag

Führen Sie das Projekt mithilfe der Methoden des Projektmanagements durch.

Web

Hinweis:
Um die spezifischen Bedingungen Ihrer Schule zu berücksichtigen, kann der Projektauftrag abweichend vereinbart werden. Der endgültige Projektauftrag ist unter Einsatz des Formulars „Projektauftrag“ (siehe Kapitel B II 6) zu erstellen. Die zugehörige Datei finden Sie im digitalen Zusatzmaterial.

2 Datenbankentwicklung

Projektanlass

Die Sporthandlung „Fit & Gesund“ wurde vor zwei Jahren gegründet und betreibt am Standort Bonn ein Einzelhandelsgeschäft. Von Beginn an verzeichnete das Unternehmen ein stetig wachsendes Umsatzvolumen. Auch das Sortiment und die Lagerkapazitäten wurden kontinuierlich erweitert.

Die Geschäftsführung möchte die Unternehmensaktivitäten durch einen Onlineversand und die Belieferung von Zwischenhändlern ausbauen. Weiterhin soll die betriebliche Organisation durch die Einführung eines Warenwirtschaftssystems erleichtert werden. Im Interesse der Kundenpflege soll zukünftig allen Personen, die das Geschäft als Endverbraucherinnen und Endverbraucher besuchen, eine Erfassung der Kundendaten angeboten werden. Die Daten der Kunden im Online-Bereich und der Zwischenhändler werden im Rahmen des Geschäftsprozesses ohnehin erfasst. Die Rechnungserstellung erfolgt unter Nutzung der Seriendruckfunktion einer Textverarbeitungssoftware. Weitere Dokumente und Auswertungen können wahlweise mit einer Textverarbeitungssoftware oder als Reports im Datenbankmanagementsystem erstellt und gestaltet werden.

Gemeinsam mit den Mitarbeiterinnen und Mitarbeitern des Unternehmens wurden die Anforderungen an das Warenwirtschaftssystem ermittelt und schriftlich erfasst. Mit diesen Anforderungen wendet sich nun die Geschäftsleitung von „Fit & Gesund“ an das Unternehmen „DataSoft GmbH“, das sich auf die Entwicklung von Datenbankanwendungen spezialisiert hat.

Projektziel

Planung, Entwicklung und Programmierung der Datenbank „Warenwirtschaftssystem“ bis zum 01. April 20.. .

Funktionale Anforderungen

- Erfassung von Neukund/-innen
- Unterscheidung der Kundschaft nach Endverbraucher/-innen und Zwischenhändlern
- Erfassung der Artikel
- Erfassung von Warenzugängen
- Verwaltung der Verkaufsvorgänge im Bereich des Einzelhandelsgeschäfts
- Erfassung der Bestellungen im Online-Versand
- Erfassung der Bestellungen der Zwischenhändler
- Erfassung von Warenabgängen
- Erstellung von Rechnungen
- Zwischenhändler erhalten auf alle ausgelieferten Waren 25 % Rabatt.
- Bei einem Netto-Warenwert unter 100,00 € werden pauschal 5,00 € Versandgebühren berechnet, die umsatzsteuerpflichtig sind.
- Ausdruck der Rechnungen
- Ausdruck der Retourenunterlagen
- Ausdruck von Geburtstagsgrüßen an alle mit Geburtsdatum erfassten Endverbraucher/-innen mit einem Rabattgutschein in Höhe von 5,00 €
- Versand fünf Tage vor dem Geburtstag
- Gültigkeitsdauer des Gutscheins: 3 Monate ab Geburtstagsdatum
- Ausdruck von Etiketten zum Versand von Informations- und Werbematerial
  - an alle Kundengruppen
  - nur an Zwischenhändler
  - an Kunden/-innen in bestimmten Postleitzahlgebieten (entscheidend ist die 1. Ziffer der Postleitzahl)
- Erstellung von Auswertungen:
  - monatliche Umsatzstatistiken
  - Gesamtumsatz
  - Umsatz mit Endverbraucher/-innen
  - Umsatz mit Zwischenhändlern
  - Absatz je Artikel, sortiert nach Absatzmenge
- Auf weitere Funktionen wird im ersten Entwicklungsschritt des Warenwirtschaftssystems bewusst verzichtet.

Nichtfunktionale Anforderungen

- einfache Benutzerführung durch menügesteuerte Oberfläche und Befehlsschaltflächen
- ergonomisch gestaltete Formulare und Eingabehilfen
- Übersichtlichkeit
- Suchhilfe bei bereits erfassten Kunden/-innen
- Suchhilfe bei Artikeln
- Reduktion notwendiger Eingaben auf ein Minimum
- weitgehende Absicherung von Eingabefehlern
- Anwenderinnen und Anwender benötigen keine Kenntnisse des Datenbankmanagementsystems
- vollständige Dokumentation zur späteren Weiterentwicklung der Anwendung
- fehlerfreier Betrieb nach Systemimplementierung

Lieferungen und Leistungen

- Lieferung und Systemimplementierung der Datenbank „Warenwirtschaftssystem“
- Test der Datenbank „Warenwirtschaftssystem“
- Schulung der Anwender/-innen

Auftragsbedingungen

- Nutzung des Datenbankmanagementsystems MS Access
- Die Eignung der vorhandenen Rechnersysteme ist gegeben. Aspekte der Hardware müssen also nicht weiter berücksichtigt werden. Dies gilt in gleicher Weise für Aspekte der Datensicherung und des Datenschutzes.

Arbeitsauftrag

Entwickeln Sie teamorientiert ein Datenbankanwendungssystem, das die aufgelisteten Anforderungen erfüllt. Nutzen Sie bei der Planung und Steuerung Ihres Projekts die Methoden des Projektmanagements. Web

III Projektideen für Unterrichtsprojekte

Die meisten der nachfolgenden Projektideen wurden wie beschrieben oder in ähnlicher Form in berufsbildenden Schulen als Unterrichtsprojekte realisiert. Sie sind als Anregungen zu verstehen und ggf. an regionale Bedingungen und aktuelle Ereignisse und Entwicklungen anzupassen:

1. Lehrfilm zum Thema XY (z. B. „Aufbau eines PC“, „Einrichtung eines IT-Netzwerks“)
2. Erklärvideo zum Thema XY (z. B. „Bedeutung von Mikrochips für die Volkswirtschaft“)
3. Ausstellung zum Thema XY (z. B. „Die Entwicklung des Computers“)
4. E-Book zum Thema XY (z. B. „Der Siegeszug der Apps“)
5. Entwicklung einer Website (ggf. mit Webshop) für das Unternehmen XY (z. B. lokaler Buchhändler)
6. Seminare für Seniorinnen und Senioren: Entwicklung eines Seminarkonzepts und Durchführung der Seminare (z. B. Arbeiten mit Microsoft Office)
7. Seminare für Lehrkräfte: Entwicklung eines Seminarkonzepts und Durchführung der Seminare (z. B. Arbeiten mit dem Apple iPad)
8. Hardwareschulung: IT-Klassen schulen Nicht-IT-Klassen: Entwicklung eines Schulungskonzepts und Durchführung der Schulungen (z. B. Zerlegen, ggf. Reparieren und Zusammenbauen von PCs, z. B. an einem Projekttag)
9. Entwicklung eines digitalen Fahrradtour-Führers für die Region (z. B. als App)
10. Manual: Praktikumsplätze in IT-Betrieben der Region (Liste mit Betrieben und standardisierten Angaben zu jedem Betrieb)
11. Manual: Praktikumsplätze in IT-Betrieben im Ausland (Liste mit Betrieben einer Stadt im europäischen Ausland, die bereit sind, ein Praktikum anzubieten, mit standardisierten Angaben, Ansprechpersonen, Einverständniserklärung usw. Im Mittelpunkt steht eine Reise in eine ausländische Stadt.)
12. Digitaler City Guide für internationale Austausch-Schüler/-innen (z. B. den Kategorien „Behördliches“, „Ärzte“, „Gastronomie“, „unsere Schule“, ggf. in englischer Sprache usw.)
13. Fitnessmesse in der Sporthalle: Fitness-Center der Region als Aussteller (z. B. mit stündlichen Fitness-Events und mit mehreren Ständen/Ausstellungsmedien rund um ein Thema, z. B. Ernährungsberatung, Computersucht usw.)
14. Online-Schülerbefragung: (Eigene) Erfahrungen mit Mobbing in sozialen Medien
15. Entwickeln eines Zukunftskonzepts: Unsere Schule 4.0

Glossar

Agil, beweglich, wendig, flink.

Arbeitspaket, in sich geschlossene Aufgabenstellung mit klar definiertem Ergebnis, für das eine Person verantwortlich ist. Es ist das kleinste Element im → Projektstrukturplan, wo es nicht weiter zerlegt werden darf, wohl aber im → Zeitplan (1:n-Beziehung).

Auftraggeber, die Person, Organisation oder Organisationseinheit, die ein → Projekt in Auftrag gibt, mit dem sie bestimmte Ziele verfolgt.

Auftragnehmer, die Person, Organisation oder Organisationseinheit, die ein → Projekt durchführt.

Aufwand, Gesamtbedarf bzw. eingesetzte Menge an → Ressourcen bzw. deren Kosten innerhalb eines Projekts.

Backlog, engl.: Auftragsüberhang, Arbeitsrückstand, Nachholbedarf. Bei Scrum unterscheidet man das → Product Backlog und das → Sprint Backlog.

Balkenplan (Gantt-Diagramm), Variante des → Zeitplans, bei dem die Vorgänge des Projekts als Balken auf einer kalendarischen Zeitachse dargestellt werden.

Bottom-up, Methode zur Erstellung des → Projektstruktur- oder Kostenplans von unten nach oben.

Daily Scrum, → Daily Stand-up Meeting

Daily Stand-up Meeting, tägliche Kurzbesprechung (maximal 15 Minuten) des Teams zur selben Zeit, die im Stehen abgehalten wird und den Arbeitsfortschritt klärt.

Definition of Done, vom Scrum-Team gemeinsam erarbeitete und offiziell verabschiedete Qualitätskriterien für die Abnahme eines → Product Backlog Items. Sie beschreibt das Qualitätsverständnis des Teams.

Dokumentation → Projektdokumentation

Entwicklungsteam, interdisziplinär besetztes Team von drei bis acht Personen in einem → Scrum-Projekt, welches die vom → Product Owner übermittelten Kundenwünsche eigenverantwortlich umsetzt.

Externes Projekt, Projekt, bei dem der → Auftraggeber eine rechtlich selbstständige Organisation ist.

Gantt Diagramm → Balkenplan

Impediment, Hindernis, das dem → Entwicklungsteam bei der Arbeit begegnet.

Impediment Backlog, vom → Scrum Master geführte Liste mit Hindernissen, die dem → Entwicklungsteam bei der Arbeit begegnen und die der → Scrum Master aus dem Weg zu räumen versucht.

Informationssystem → Projektinformationssystem

Inkrement → Produktinkrement

Internes Projekt, Projekt, bei dem der → Auftraggeber und der → Auftragnehmer derselben Organisation angehören.

Kapazitäten, betrieblich tatsächlich verfügbare → Ressourcen

Kick-Off-Meeting, frei übersetzt „Startschussbesprechung". Der Begriff wird in Theorie und Praxis uneinheitlich interpretiert, oft als offizielle Informationsveranstaltung für die → Stakeholder. Es findet gemäß DIN 69908 nach erfolgter Planung statt. Siehe auch → Projekt-Start-Workshop.

Kritischer Weg, Kette der → Vorgänge, die keine Puffer aufweisen. Verzögert sich ein Vorgang auf dem kritischen Weg, verschiebt sich der Endtermin, sofern keine Gegenmaßnahmen ergriffen werden.

Lastenheft, Katalog der Anforderungen des → Auftraggebers an die Lieferungen und Leistungen des → Auftragnehmers im Rahmen eines → Projektauftrags.

Lösungskonzept, Weg zur Erreichung eines Projektziels. Gewöhnlich entwickelt das Projektteam alternative Lösungskonzepte, aus denen der → Auftraggeber auswählen kann.

Meilenstein, Etappenziel, Schlüsselereignis, Ereignis von besonderer Bedeutung

Netzplan, Variante des → Zeitplans, bei dem die → Vorgänge als → Vorgangsknoten mit zahlreichen Informationen dargestellt werden. Der Netzplan weist den → kritischen Weg aus.

Pflichtenheft, Dokument, in dem der Auftragnehmer darlegt, wie er die im → Lastenheft aufgeführten Anforderungen des Auftraggebers umsetzen will.

Preis → Projektpreis

Product Backlog, vom → Product Owner geführte Liste der Kundenanforderungen, die gewöhnlich in Form von → User Stories formuliert werden. Anders als das → Lastenheft in klassischen Projekten ist das Product Backlog dynamisch und nie vollständig.

Product Backlog Item, Eintrag im → Product Backlog.

Product Owner (PO), Mitglied des Scrum-Teams, welches den Kunden repräsentiert, das Product Backlog führt, die → Sprints vorbereitet und zugleich für den wirtschaftlichen Erfolg des Projekts verantwortlich ist.

Produktinkrement, Teil- oder Gesamtprodukt, welches innerhalb eines → Sprints entwickelt wird. Produktinkremente bauen aufeinander auf und beinhalten sich. Sie sind ausreichend dokumentiert, getestet und einsatzfähig.

Projekt, komplexes Erst- und Einmalvorhaben mit konkreter Zielsetzung und zeitlicher Begrenzung, das mit Risiken behaftet ist und von einem interdisziplinären Team bearbeitet wird.

Projektablauf- und Terminplan → Zeitplan

Projektauftrag, Auftrag zur Durchführung eines → Projekts. Bei internen Projekten handelt es sich um eine Arbeitsanweisung, bei externen Projekten um einen zivilrechtlichen Vertrag.

Projektcontrolling, Instanz, die das → Projekt mithilfe von laufenden Soll-Ist-Vergleichen, deren Auswertung und abgeleiteten Maßnahmen zum Ziel steuert.

Projektdokumentation, Gesamtheit aller Dokumente, die in einem → Projekt entstehen. Man unterscheidet die Prozessdokumentation (Dokumentation des Projektverlaufs) und die Produktdokumentation (Dokumentation des Projektergebnisses).

Projektinformationssystem, Gesamtheit der Elemente (z. B. Dokumentarten, Formulare, Regeln, Dateiablagen) zur rechtzeitigen Übermittlung relevanter Informationen an die richtigen Adressaten innerhalb eines → Projekts.

Projektkosten, Summe der Personalkosten und Sachkosten, die mit einem → Projekt verbunden sind.

Projektleitung, Person aufseiten des → Auftragnehmers, welche für den Projekterfolg verantwortlich ist.

Projektmanagement, Gesamtheit der Führungsaufgaben, -organisation, -techniken und -mittel zur Vorbereitung, Definition, Planung, Steuerung sowie zum Abschluss von Projekten.

Projektorganisation, i. e. S.: Einbettung des Projekts in die Aufbauorganisation; i. w. S.: alle Fragen der Aufbau-, Ablauf- und Teamorganisation.

Projektpreis, Preis für die Lieferungen und Leistungen des → Auftragnehmers. Dieser ergibt sich gewöhnlich aus den Projektkosten zuzüglich eines Gewinnzuschlags.

Projektressourcen → Ressourcen

Projekt-Start-Workshop, Arbeitsbesprechung, an der Projektteam und ggf. auch Auftraggeber teilnehmen. Mögliche Inhalte: Projektorganisation, -informationssystem, -management, -phasen, -ziele, -risiken, → Stakeholder, grobe Projektstrukturplanung, grobe Kostenschätzung.

Projektstrukturplan (PSP), Teilplan der Projektplanung, der alle → Arbeitspakete in Form einer hierarchischen Struktur abbildet.

Projektziele, Gesamtheit der Sach-, Termin- und Kostenziele eines → Projekts. Dazu gehören auch die Detailanforderungen des → Auftraggebers an die Lieferungen und Leistungen des → Auftragnehmers.

PSP → Projektstrukturplan

Rentabilität, Gewinn durch durchschnittlich eingesetztes Kapital mal 100. Das eingesetzte Kapital entspricht den Projektkosten.

Ressourcen, für ein → Projekt benötigte Personen und Sachmittel, im weiteren Sinne auch Finanzmittel.

Return on Investment (ROI) → Rentabilität

Risiko, möglicher negativer Ausgang eines Vorhabens, der mit einem Schaden, einem Verlust oder anderen Nachteilen verbunden ist.

ROI → Rentabilität

Scrum, agile Methode bzw. agiles Rahmenwerk zur Entwicklung komplexer Produkte (vor allem Software) mit klar definierten Rollen, Artefakten und Ereignissen.

Scrum Board, Pinnwand in Scrum-Projekten mit den Spalten „User Stories", „To do", „In Progress", „Done", auf denen die Tasks (Aufgaben) befestigt werden und von links nach rechts wandern.

Scrum Master, Experte/Expertin und Coach für das Scrum-Entwicklungsteam in methodischen Fragen. Darüber hinaus beseitigt er mögliche Hindernisse und fördert den Kulturwandel der Organisation in Richtung agil.

Scrum-Team, Team eines Scrum-Projekts, welches aus dem → Product Owner, dem → Scrum Master und dem → Entwicklungsteam besteht.

SMART+, Regel zur Formulierung von Projektzielen: spezifisch, messbar, akzeptiert, realistisch, terminiert, lösungsneutral.

Sprint, festgelegter Zeitraum von maximal vier Wochen, in dem eine → User Story umgesetzt bzw. ein → Produktinkrement entwickelt wird. Scrum-Projekte bestehen aus einer Abfolge von Sprints.

Sprint Backlog, Sammlung der im aktuellen → Sprint zu erledigenden Aufgaben (Tasks), die aus den priorisierten → User Stories abgeleitet werden und die in einem → Sprint zu erledigen sind. Es kann als Liste und am → Scrum Board realisiert werden.

Sprint Planning, Planung des → Sprints zu Sprintbeginn, die aus zwei Teilen besteht. Im ersten Teil wird das Was (Auswahl der → User Stories) und im zweiten Teil das Wie (= technische Umsetzung und Ableitung der Tasks) geplant. Die Visualisierung erfolgt am → Scrum Board.

Sprint Retrospective, Reflexion der teaminternen Zusammenarbeit am Ende eines → Sprints.

Sprint Review, Vorstellung und Möglichkeit der Evaluierung (Test) des entwickelten → Produktinkrements am Ende des → Sprints. Anwesend sind → Product Owner, → Scrum Master, → Entwicklungsteam und eingeladene → Stakeholder.

Stakeholder, Interessengruppen, welche direkt oder indirekt vom → Projekt betroffen sind und ihre Interessen rund um das Projekt vertreten.

Task, Aufgabe, die aus den → User Stories des → Product Backlogs abgeleitet wird und nicht länger als einen Tag dauern sollte.

Task Board, → Scrum Board

Timeboxing, Festlegen eines verbindlichen Zeitrahmens für Aktivitäten, der nicht überschritten werden darf. Nicht erledigte Inhalte werden in eine spätere Timebox verschoben.

Top-down, Methode zur Erstellung des → Projektstruktur- oder Kostenplans von oben nach unten.

User Story, Kundenanforderung, die in Alltagssprache und aus Sicht des Kunden formuliert und im → Product Backlog dokumentiert wird.

Vorgang, kleinste Planungseinheit im → Zeitplan. Dieser kann einem → Arbeitspaket aus dem → Projektstrukturplan entsprechen (1:1-Beziehung) oder auch einer Aktivität innerhalb eines → Arbeitspakets (1:n-Beziehung).

Vorgangsknoten, tabellarische Darstellung eines → Vorgangs im → Netzplan.

Zeitplan, auch Projektablauf- und Terminplan, der in Form eines → Balkenplans oder eines → Netzplans alle → Vorgänge des → Projekts in ihrer zeitlichen Abfolge darstellt.

Verzeichnisse

Sachwortverzeichnis

Literaturverzeichnis

Angermeier, Georg: Viel Kommission – wenig Reform? Öffentliche Großbauprojekte: Erst planen, dann bauen!, 18.08.2015, projektmagazin, www.projektmagazin.de/artikel/oeffentliche-grossbauprojekte-erst-planen-dann-bauen_1102700 [27.12.2022].

Bea, Franz Xaver; Scheurer, Steffen; Hesselmann, Sabine: Projektmanagement, 3. vollständig überarbeitete und erweiterte Auflage, München: UVK Verlag 2020.

Beck, Kent et al.: Manifest für Agile Softwareentwicklung, 2001, https://agilemanifesto.org/iso/de/manifesto.html [27.12.2022].

Birker, Klaus: Projektmanagement, 2., aktualisierte und erweiterte Auflage, Berlin: Cornelsen 1999.

Busch, Michael W.; Oelsnitz, Dietrich von der: Team: Toll, ein anderer macht's! Die Wahrheit über Teamarbeit, Zürich: Orell Füssli 2014.

Deutsches Institut für Normung (Hrsg.): DIN 69900 Projektmanagement - Netzplantechnik; Beschreibungen und Begriffe, Berlin: Beuth 2009

Deutsches Institut für Normung (Hrsg.): DIN 69901-5 Projektmanagement - Projektmanagementsysteme - Teil 5 Begriffe, Berlin: Beuth 2009

Duden (Hrsg.): Ziel, Bibliographisches Institut GmbH, Berlin 2022, www.duden.de/rechtschreibung/Ziel [27.12.2022].

Felkai, Roland; Beiderwieden, Arndt: Projektmanagement für technische Projekte – Ein Leitfaden für Studium und Beruf, 3. Auflage, Wiesbaden: Springer-Vieweg 2015.

GPM Deutsche Gesellschaft für Projektmanagement; Gessler, Michael (Hrsg.): Kompetenzbasiertes Projektmanagement (PM 3), Handbuch für die Projektarbeit, Qualifizierung und Zertifizierung auf Basis der IPMA Competence Baseline Version 3.0, 6. Aufl., Nürnberg: GPM Deutsche Gesellschaft für Projektmanagement 2014.

Hansel, Jürgen; Lomnitz, Gero: Projektleiter-Praxis. Optimale Kommunikation und Kooperation in der Projektarbeit, Berlin: Springer 2003.

Madauss, Bernd-J.: Handbuch Projektmanagement. Theorie und Praxis aus einer Hand, Wiesbaden/Berlin: Springer 2020.

Pomberger, Gustav; Blaschek, Günther: Software-Engineering: Prototyping und objektorientierte Softwareentwicklung, München: Carl Hanser Verlag 1996.

Röpstorff, Sven; Wiechmann, Robert: Scrum in der Praxis – Erfahrungen, Problemfelder und Erfolgsfaktoren, 3., aktualisierte und überarbeitete Auflage, Heidelberg: dpunkt.verlag 2022.

Schelle, Heinz; Linssen, Oliver: Projekte zum Erfolg führen. Projektmanagement systematisch und kompakt, 8. überarbeitete Auflage, München: © dtv Verlagsgesellschaft 2018.

Schwaber, Ken; Sutherland, Jeff: Der Scrum Guide. Der gültige Leitfaden für Scrum: Die Spielregeln, 2020, https://scrumguides.org/docs/scrumguide/v2020/2020-Scrum-Guide-German.pdf [27.12.2022]

Sellmann, Maren: Agil – Klassisch – Hybrid, Chancen und Risiken verschiedener Projektmanagement-Methoden im Vergleich, Stuttgart: ibidem-Verlag 2019.

Timinger, Holger: Modernes Projektmanagement – Mit traditionellem, agilem und hybridem Vorgehen zum Erfolg, Weinheim: Wiley 2017.

Bildquellenverzeichnis

Beiderwieden, Arndt, Bremen: 30.1.

Hild, Claudia, Angelburg: 76.1, 100.1, 100.2, 116.1.

OKS Group, Delhi: 35.1, 82.1.

punktgenau gmbh, Bühl: 107.1.

stock.adobe.com, Dublin: Africa Studio 9.2; alice_photo Titel, Titel; bakhtiarzein 39.2, 39.4, 39.5; deagreez 1.1; Drubig, Diana 131.1; fizkes 20.2, 50.1, 85.1; frikota 39.9, 39.10, 39.11; Gorodenkoff 85.2; Gracchus, Tiberius 7.1, 20.1, 98.1, 109.1, 121.1; gudrun 97.1; Hieronymus Ukkel 9.4; Icons-Studio 39.1, 39.3, 39.6, 39.7, 39.8; lightpoet 88.1; Morgenstjerne 9.1; nsdpower 1.2; picsfive 32.1, 70.1; Pixel-Shot 133.1; Rido 95.1; thingamajiggs 39.12, 39.13, 39.14; ZinetroN 9.3.

YPS – York Publishing Solutions Pvt. Ltd.: 18.1, 33.1, 34.1, 42.1, 45.1, 78.1, 92.1.